Gerenciamento de custos em projetos

PUBLICAÇÕES
FGV Management

GERENCIAMENTO DE PROJETOS

Gerenciamento de custos em projetos

Christina Barbosa
Carlos Augusto Dornellas do Nascimento
Farhad Abdollahyan
Ronaldo Miranda Pontes

6ª EDIÇÃO

FGV EDITORA IDE

Direitos desta edição reservados à
FGV EDITORA
Rua Jornalista Orlando Dantas, 37
22231-010 | Rio de Janeiro, RJ | Brasil
Tels.: 0800-021-7777 | 21-3799-4427
Fax: 21-3799-4430
editora@fgv.br | pedidoseditora@fgv.br
www.fgv.br/editora

Impresso no Brasil / *Printed in Brazil*

Os conceitos emitidos neste livro são de inteira responsabilidade dos autores.

1ª edição: 2007; 2ª edição: 2008; 3ª edição: 2009; 4ª edição: 2011; 5ª edição: 2014; 6ª edição: 2019

Preparação de originais: Sandra Frank
Editoração eletrônica: Abreu's System
Revisão: Fatima Caroni
Capa: aspecto:design

Ficha catalográfica elaborada pela Biblioteca Mario Henrique Simonsen/FGV

Barbosa, Christina
Gerenciamento de custos em projetos / Christina Barbosa... [et al.]. – 6. ed. – Rio de Janeiro : FGV Editora, 2019.
164 p.

Em colaboração com Carlos Augusto Dornellas do Nascimento, Farhad Abdollahyan, Ronaldo Miranda Pontes
Publicações FGV Management.
Área: Gerenciamento de projetos.
Inclui bibliografia.
ISBN: 978-85-225-2160-9

1. Projetos – Custos. I. Nascimento, Carlos Augusto Dornellas do. II. Abdollahyan, Farhad. III. Pontes, Ronaldo Miranda. IV. FGV Management. V. Fundação Getulio Vargas. VI. Título.

CDD – 657.42

Aos nossos alunos e aos nossos colegas docentes,
que nos levam a pensar e repensar nossas práticas.

Sumário

Apresentação

Este livro compõe as Publicações FGV Management, programa de educação continuada da Fundação Getulio Vargas (FGV).

A FGV é uma instituição de direito privado, com mais de meio século de existência, gerando conhecimento por meio da pesquisa, transmitindo informações e formando habilidades por meio da educação, prestando assistência técnica às organizações e contribuindo para um Brasil sustentável e competitivo no cenário internacional.

A estrutura acadêmica da FGV é composta por escolas e institutos, todos com a marca FGV, trabalhando com a mesma filosofia: gerar e disseminar o conhecimento pelo país. Dentro de suas áreas específicas de conhecimento, cada escola é responsável pela criação e elaboração dos cursos oferecidos pelo Instituto de Desenvolvimento Educacional (IDE), criado em 2003 com o objetivo de coordenar e gerenciar uma rede de distribuição única para os produtos e serviços educacionais da FGV.

Este livro representa mais um esforço da FGV em socializar seu aprendizado e suas conquistas. Foi escrito por professores da FGV, profissionais de reconhecida competência acadêmica e prática, o que torna possível atender às demandas do mercado, tendo como suporte sólida fundamentação teórica.

A FGV espera, com mais essa iniciativa, oferecer a estudantes, gestores, técnicos e a todos aqueles que têm internalizado o conceito de educação continuada, tão relevante na era do conhecimento na qual se vive, insumos que, agregados às suas práticas, possam contribuir para sua especialização, atualização e aperfeiçoamento.

Rubens Mario Alberto Wachholz
Diretor do Instituto de Desenvolvimento Educacional

Sylvia Constant Vergara
Coordenadora das Publicações FGV Management

Introdução

O objetivo deste livro é apresentar o gerenciamento de custos em projetos de forma estruturada, mostrando como realizar o projeto respeitando o orçamento aprovado.

Nos dias de hoje, é muito difícil fazer estimativas adequadas e cumpri-las, por causa das inúmeras mudanças a que os projetos são submetidos. Muitos já iniciam com um orçamento predeterminado, resultado de um estudo de viabilidade que permitiu sua aprovação, e devem adequar seu escopo e os recursos que serão utilizados a esse orçamento. Outros vão estabelecer o custo necessário para realização durante seu processo de planejamento, à medida que seu escopo vai sendo mais conhecido. Em ambos os casos, todos os recursos necessários para terminar as atividades responsáveis por finalizar escopo previsto, com a qualidade definida, devem ser estimados e seus custos unitários definidos. Feito isso, podemos consolidar os custos dos recursos de cada atividade em um orçamento, que funcionará como orçamento-base para o controle do projeto durante sua execução.

Mas, para que tudo isso funcione, é necessário responder a algumas perguntas.

Será que atualmente, em nossos projetos, levantamos realmente todos os custos envolvidos? Ou só nos lembramos daqueles que são mais óbvios?

Quando iniciamos a execução de um projeto, podemos afirmar, com certeza, que conhecemos todas as atividades necessárias? Podemos garantir que incluímos também aquelas atividades relativas ao escopo que não são a entrega principal do nosso projeto, como fazer reuniões, providenciar aprovações e outras tarefas que consomem tempo, recursos e, consequentemente, geram custos? Todo esse trabalho é desenvolvido com a participação dos especialistas que conhecem em profundidade as atividades que serão executadas?

Antes de finalizar as estimativas de custos, nos certificamos de que utilizamos as técnicas mais adequadas? Lembramos, ainda, de considerar os riscos envolvidos no projeto? Destinamos uma parte do orçamento para tratar tais riscos?

De acordo com o planejamento, acompanhamos o desempenho do projeto frequentemente, monitorando seus desvios, identificando a causa de cada um deles para, então, determinar ações preventivas e corretivas, com o objetivo de mantê-lo dentro do orçamento?

Este livro está estruturado em quatro capítulos que vão ajudar você a utilizar as melhores práticas do gerenciamento de custos em projetos, de tal forma que possa responder às perguntas dos parágrafos anteriores afirmativamente e com segurança.

Destinamos o primeiro capítulo a um breve histórico, aos diferentes tipos de custos, ao ciclo de vida de um produto ou serviço, ao plano de gerenciamento de custos, ao plano de contas, suas funções, componentes e características, devido à sua importância para qualquer tipo de organização e projeto. Descrevemos, também, como o diagrama de Pareto pode auxiliar os processos de planejamento e de controle de custos do projeto.

O segundo capítulo trata de como fazer estimativas de custos, dos diferentes métodos que podemos utilizar. Orientamos sobre o uso da simulação de Monte Carlo nas estimativas de custos e apresentamos vários exemplos práticos.

No terceiro capítulo, explicamos como o grau de precisão das estimativas e sua classificação são importantes para o detalhamento do orçamento e mostramos sua elaboração, composição e as nuances que devem ser consideradas para obtenção de um resultado o mais próximo possível da realidade, contemplando os riscos envolvidos no projeto.

O quarto capítulo diz respeito ao controle dos custos do projeto, ao gerenciamento do valor agregado, aos parâmetros envolvidos, como refletir sobre eles para identificar suas causas e tomar ações preventivas e corretivas no projeto. Detalhamos como utilizar os relatórios de desempenho, que são desenvolvidos periodicamente com informações coletadas nas reuniões de acompanhamento.

1
Histórico, conceitos e tipos de custos

Neste capítulo, apresentaremos como e quando o homem sentiu a necessidade de utilizar sistemas estruturados para gerenciar custos em projetos e como esse processo evoluiu.

Em seguida, discutiremos alguns conceitos e os diversos tipos de custos que devem ser contemplados no projeto. Veremos como os ciclos de vida do projeto – e do custeio de um produto que será utilizado como recurso para um projeto – podem interferir nas diferentes formas de gerenciamento de custos. Abordaremos também a utilidade de um plano de gerenciamento de custos, a integração do gerenciamento de custos com as outras áreas de conhecimento e a adequação ao plano de contas da empresa e do projeto, quando for o caso. Por fim, apresentaremos como o diagrama de Pareto pode ajudar no gerenciamento dos custos.

Histórico

Os primórdios do gerenciamento de custos e da contabilidade se confundem com a história do ser humano. Ela está ligada à necessidade humana de proteção à posse e perpetuação de objetos materiais.

A sobrevivência humana baseou-se na caça e, depois, na agricultura e no pastoreio. Até os dias de hoje, o homem vem lutando pelo direito ao uso de solo, inicialmente pela caverna e perímetro de caça, e depois para exploração agrícola e pastoril. Segundo Rousseau (2007), a propriedade surge com o primeiro usurpador que cerca a terra e a declara sua. Consequentemente, o registro da propriedade torna-se necessário.

Os primeiros procedimentos rudimentares de registro de propriedade incluem pedras com pontinhos vermelhos e pequenos pacotes de lama ressecada com escrita cuneiforme, isto é, produzida com auxílio de objetos em formato de cunha, do lado externo, utilizados por "fazendeiros" pré-históricos e por meio dos quais eles contavam e mantinham o registro de seus bens. Por exemplo, um cilindro poderia retratar um animal, dois cilindros retratavam dois animais, e assim por diante.

Com o surgimento do comércio e sua intensificação após as Cruzadas, as atividades de troca, venda e crédito passaram a requerer que os comerciantes acompanhassem com mais detalhe seu patrimônio, cada vez maior. A Itália teve papel fundamental nesse processo durante a Renascença com a invenção de contabilidade por partidas dobradas, descrita no *Tratactus de computis et scripturis* (*Contabilidade por partidas dobradas*) de frei Luca Paciolo, publicado em 1494. Essa obra enfatiza que a teoria contábil do débito e do crédito corresponde à teoria dos números positivos e negativos. No início, simples registros ou relatórios eram suficientes, mas, com o aumento da quantidade de bens, a preocupação com tais informações de difícil memorização exigiu sistemas mais sofisticados. A obra de Paciolo contribuiu para inserir a contabilidade entre os ramos do conhecimento humano.

Na Revolução Industrial a manufatura deixou de ser predominantemente doméstica e migrou para as fábricas, demandando um sistema contábil-financeiro mais sofisticado que desse suporte a inventores e empreendedores. Indivíduos e bancos passaram a investir em fábricas, que se tornaram corporações cada vez mais evoluídas, exigindo demonstrações financeiras consistentes e auditorias independentes para comunicação, de forma diferenciada, a novos proprietários e gestores.

A contabilidade e o gerenciamento de custos se desenvolveram em um ambiente caracterizado pelo aumento da mecanização e da padronização na fabricação de produtos, sempre focando a manufatura. Como a maioria das empresas produzia bens homogêneos, que consumiam recursos na mesma proporção, as informações necessárias para sua gestão eram baseadas nos custos médios dos produtos, sem demandar maior detalhamento. Além disso, o alto preço do processamento empregado para fornecer informações mais elaboradas excedia seus benefícios.

Assim, as informações geradas por contadores satisfaziam a necessidade de demonstrações financeiras, pois as empresas não sentiam nenhuma urgência em ter dados mais discriminados, contanto que os lucros fossem altos.

Com o surgimento de grandes negócios e a consequente abertura para o mercado de capitais, a evolução da contabilidade de custos, com foco em precisão e utilidade, tornou-se fundamental para a governança, mas o chamado *crash* de 1929 (Giroux, 1999) e a Grande Depressão expuseram as fragilidades das práticas adotadas na época.

As recessões econômicas dos anos 1980 e 1990 (Carvalho, 2003), que diminuíram drasticamente as margens de lucro das empresas, também tiveram papel importantíssimo no aprimoramento dos processos de gerenciamento de custos. A partir de então, mais do que nunca, as empresas tiveram de se preocupar em escolher os melhores projetos com maior cuidado e, para isso, o gerenciamento de custos tornou-se primordial para embasamento desse tipo de tomada de decisão corporativa.

O ambiente econômico atual criou a necessidade de uma reestruturação da gestão de custos. Pressões competitivas mundiais, o crescimento do setor de serviços e os avanços nas tecnologias de informação e de manufatura alteraram a natureza de nossa economia e fizeram com que muitos empresários mudassem drasticamente a maneira de operar seus negócios. Nesse novo contexto, a necessidade dos gestores passou a ser atender melhor às necessidades dos clientes e gerir a cadeia de valores das empresas, assegurando vantagem competitiva. Tais mudanças deram início ao desenvolvimento de práticas inovadoras e relevantes para a gestão de custos, como sistemas baseados em atividades e ênfase em outros aspectos relevantes, tais como escopo, tempo, riscos, qualidade e eficiência, já que as informações de custos agora precisam apoiar fundamentalmente as metas estratégicas organizacionais.

O momento atual também tem sido marcado pela evolução da maturidade das organizações na gestão de sustentabilidade, decorrente de maior preocupação com sua longevidade. A geração de valor é diretamente influenciada pelos riscos positivos e negativos (oportunidades e ameaças) gerados pelos produtos e serviços da organização nos ambientes interno e externo a ela. Os impactos podem afetar outros capitais que não somente o econômico-financeiro, tais como o humano, intelectual, social e de relacionamento (IIRC, 2013). Sendo estes mapeados no gerenciamento de riscos e associados aos processos de governança, os gestores identificam os custos relacionados aos impactos (reserva de contingência, reserva gerencial e planos de respostas a riscos) e os integram com a estimativa de custos e com o orçamento do projeto. Dessa forma contribuem fortemente, e de forma imprescindível, para que a organização continue existindo num mundo cheio de incertezas.

O método do gerenciamento do valor agregado (GVA), ou em inglês *earned value management* (EVM), foi adotado pelo Departamento da Força Aérea dos Estados Unidos para melhor controle de projetos militares. A experiência favorável no programa do míssil Minuteman resultou em sua utilização pelo Departamento de Defesa dos Estados Unidos (DoD*)* (1997) em todos os contratos com empresas prestadoras de serviços. Atualmente, é bastante difundido nos Estados Unidos em todas as áreas nas quais ocorre gerenciamento de projetos e utilizado pelo governo norte-americano para controle de progresso de custos e de tempo em todos os contratos federais. American National Standards Organization (ANSI) e Electronics Industries Alliance (EIA) são entidades normativas dos Estados Unidos, equivalentes à ABNT brasileira, e publicaram, conjuntamente, a norma ANSI-EIA 748-B, aprovada em 2007, que define 32 critérios de aplicação da GVA e regulamenta sua utilização.

Gerenciar bem os custos é uma das atribuições do gestor de qualquer organização, independentemente do segmento de atuação. Todo gestor trabalha com recursos financeiros restritos e tem de distribuí-los para operações e projetos que farão com que as metas estratégicas atribuídas à sua responsabilidade sejam alcançadas.

Já o gerente de projetos deve planejar, estimar, orçar, monitorar e controlar os custos de seus empreendimentos para que eles alcancem os objetivos para os quais foram aprovados, ou seja, realizem as metas estratégicas às quais estão alinhados.

Conceitos

O termo custo se relaciona com outros conceitos que devem ser entendidos e utilizados adequadamente pelo gerente de projetos:

- gasto – sacrifício (ou dispêndio) financeiro para obtenção de um bem ou serviço qualquer, representado por entrega ou promessa de entrega de ativos (normalmente dinheiro). Ou seja, só existe o gasto no ato do reconhecimento contábil da dívida adquirida ou na diminuição dos ativos dados em troca. Esse conceito é extremamente amplo e se aplica a todos os bens e serviços recebidos, por exemplo, dispêndio com a compra de matérias-primas, dispêndio com pagamento de mão de obra, dispêndio com honorários da diretoria, dispêndio ou investimento na compra de um bem imobilizado etc. (Martins, 2001);

- custo – o custo, por definição, é a aplicação de recursos (recursos humanos, equipamentos, materiais, insumos) no processo de criação de um produto, serviço ou resultado específico. São os valores medidos em dinheiro, estimados, orçados, compromissados e desembolsados. Em projetos, é um gasto que só se transformará em custo no momento de sua utilização como recurso para execução de uma atividade. Por exemplo, uma matéria-prima é considerada um gasto no momento de sua aquisição, um investimento durante o tempo que ficar em estoque, e assim que for utilizada em um projeto, ela passará a representar parte do custo real do produto final desse projeto (Martins, 2001);
- despesa – gasto relativo a bens e serviços não correlacionados com a produção de outros bens e serviços, ou seja, dispêndio ocorrido fora da área de produção de bens e serviços. Em projetos podemos, como na contabilidade, separar os gastos (custos) efetivos para compor o produto final do projeto dos gastos (despesas) que não estarão correlacionados ao produto final e sim à parte administrativa, comercial e financeira do projeto. Como exemplo, podemos considerar a comissão do vendedor um gasto que se torna imediatamente uma despesa. As despesas são itens que representam sacrifícios (dispêndios) no processo de obtenção de receitas, no caso, a partir de projetos, ou seja, aqueles itens que diminuem o patrimônio líquido (Limeira, 2009);
- desembolso – pagamento resultante da aquisição de um bem ou serviço, que pode ocorrer antes, durante ou após sua

entrada na organização, portanto defasada ou não do gasto (Martins, 2001);

- perda – bem ou serviço consumido de forma anormal e involuntária. Não se confunde com a despesa (muito menos com o custo), exatamente por sua característica de anormalidade e involuntariedade, por não ser um sacrifício feito com intenção de obtenção de receita. Como exemplos comuns, podemos citar perdas com incêndios, obsolescência de tecnologias em usos de recursos (corte de chapas ou cabos) etc. (Martins, 2001);
- investimento – gasto com bem ou serviço ativado em função de sua vida útil ou de benefícios atribuíveis a futuro(s) período(s). Todos os sacrifícios ou dispêndios havidos pela aquisição de bens ou serviços (gastos) que são "estocados" nos ativos da empresa para depreciação, amortização ou baixa, quando de sua venda, de seu consumo, de seu desaparecimento ou de sua desvalorização são especificamente chamados de investimentos. Como exemplos, podemos citar uma matéria-prima em estoque, que é um gasto contabilizado temporariamente como investimento circulante (ativo circulante), uma máquina que é um gasto que se transforma num investimento permanente (ativo fixo) etc. (Limeira, 2009);
- preço – preço é uma decisão de negócios que leva em consideração outros fatores estratégicos e de mercado que estão fora do escopo deste livro. Portanto, custo não deve ser confundido com o preço, que pode ser maior ou menor do que o custo, em função dos objetivos do projeto. Focamos nossas considerações em custos de projetos e não no seu preço de venda, mesmo porque nem todos os projetos são vendidos.

Concluindo, todos os custos que foram ou são gastos se transformaram ou se transformarão em despesas quando da entrega ou consumo de bens ou serviços para obtenção de receita. Vários gastos são transformados diretamente em despesas, sem terem sido custo; outros não, passam a ser custo e depois se tornam despesas. Ou seja, há uma evolução entre gasto, custo e despesa, sem que necessariamente sigam todas as etapas. O gasto pode tornar-se investimento, custo e finalmente despesa, ou simplesmente de gasto passar a despesa (Menezes, 2009).

Um projeto inicia a partir de uma ideia, que pode ser identificada em qualquer área de uma empresa e precisa, antes de ser aprovada e entrar para o portfólio de projetos, ser analisada em relação a diversos aspectos, entre os quais:

- seu alinhamento com as estratégias da empresa naquele exercício – uma ideia pode ser muito boa, mas não para aquele determinado momento. Por exemplo, se uma empresa está às voltas com problemas de rentabilidade, provavelmente procurará desenvolver projetos que aumentem a receita ou diminuam os custos naquele exercício;
- sua viabilidade econômico-financeira – uma ideia pode ser considerada excelente, mas não de acordo com as restrições econômico-financeiras da organização no exercício. Pode ainda ocorrer de a ideia não trazer tantos benefícios, em termos de valores tangíveis e/ou intangíveis, comparada com os custos orçados. Nesse caso, a organização escolherá as ideias para transformar em projetos que melhor atenderão aos seus objetivos estratégicos, considerando metas de rentabilidade e custo do capital empregado (Bordeaux-Rêgo et al., 2008);
- riscos envolvidos – a ideia pode ser fantástica e o retorno de seu desenvolvimento adequado, mas os riscos identificados podem ser tão críticos que, para tratá-los, seria necessário incorrer em custos altíssimos.

Objeto de custo

O objeto de custo é qualquer objeto a que se podem atribuir custos, sejam eles de qualquer tipo. Aplicado ao gerenciamento de projetos, o conceito ajuda a responder à pergunta: Quais são os custos planejados, estimados, orçados, compromissados, incorridos e desembolsados, com relação a todos os elementos da estrutura analítica do projeto (EAP) – entregas principais, intermediárias, componentes, pacotes de trabalho e atividades e/ou tarefas –, para obter o produto do projeto?

Consequentemente, o objeto de custo pode conter os custos de um único pacote de trabalho ou o somatório de diversos, organizados conforme a EAP e o plano de contas, permitindo:

- estimar os custos planejados para cada elemento da EAP;
- agregar os custos estimados de todos os objetos de custo do projeto, para determinar o orçamento e a linha de base de custos, essenciais à composição do preço do projeto;
- coletar os custos reais de todos os objetos de custo;
- comparar custos reais com os custos planejados, analisando as variações de custos e determinando ações preventivas e corretivas, para respeitar as restrições de custos do projeto.

Assim, podemos considerar um projeto uma espécie de objeto de custo ou centro de custos temporário, cujos saldos variam de acordo com os gastos que ocorrem.

Ciclo de vida de um projeto

O ciclo de vida de um projeto é o intervalo entre seu início e seu encerramento. Ele varia de organização para organização, ou mesmo de acordo com o tipo de projeto, pois é definido pela metodologia para gerenciamento de projetos estipulada. Projetos de desenvolvimento de software têm modelos diferentes de projetos de construção de grandes empreendimentos.

O custo de um projeto se baseia no planejamento de todas as atividades futuras, sequenciadas logicamente, de acordo com o ciclo de vida definido e que consomem recursos de diversos tipos ao longo do tempo. Os custos são expressos geralmente em unidade monetária padrão.

O ciclo de vida de um projeto resultante de uma licitação, por exemplo, pode iniciar no momento em que a organização resolve participar, desenvolver seu estudo de viabilidade e preparar uma proposta. Ou, ainda, pode somente começar depois que a licitação for vencida e o contrato assinado. O gerenciamento de custos desse projeto vai variar de acordo com a definição do seu ciclo de vida, pois, no primeiro caso, envolverá os custos das fases até a assinatura do contrato, o que não acontecerá no segundo caso, quando o gerente de projetos somente terá de respeitar os custos definidos na fase de estudo de viabilidade, pois eles serviram de base para composição do preço da proposta vencedora. Esses custos configurarão restrições que nortearão seu gerenciamento até seu encerramento. Quando a organização gerencia um projeto que foca alternativas sustentáveis, o estudo de viabilidade deve demonstrar claramente qual o resultado do projeto no médio e no longo prazos. O custo não deve ser considerado isoladamente, mas sim, o resultado financeiro do projeto ao longo de todo o seu ciclo de vida, que pode se apresentar como negativo no curto prazo, mas que pode demonstrar lucro ao invés de prejuízo, num fluxo de caixa mais longo.

A análise de custos pode ser expressa em diferentes unidades referenciais, sendo a de maior utilização a unidade monetária. Porém, nada impede que ela seja expressa em unidades não monetárias a serem gastas na materialização do projeto, por exemplo, homens-horas de trabalho. Dessa forma, outro aspecto importante é o valor temporal do dinheiro, visto que os estudos de viabilidade, na maioria das vezes, são desenvolvidos muito tempo antes do início efetivo do projeto. Quando um projeto inicia, é fundamental que seu gerente tenha parâmetros para atualizar os custos estipulados. Fatores como inflação, escalada (*escalation*), elevação ou baixa de moedas estrangeiras podem influenciar alterações de custos em projetos, ou mesmo estar previstos em contratos, e, portanto, devem ser contemplados.

Integração do gerenciamento de custos com outras áreas de conhecimento do *Guia PMBOK*

Nos projetos, o poder de influência dos custos em outras áreas de conhecimento acontece em maior ou menor escala, e deve ser tratado de forma integrada, dependendo da sua natureza:

- antes mesmo que o projeto seja oficialmente autorizado, justificamos seu lançamento por meio de estudo de viabilidade técnica e econômica ou um *business case* (PMI, 2013), comparando custos preliminarmente orçados com benefícios (monetários ou não) e riscos para elaborar o termo de abertura do projeto;
- um projeto com restrições de custos muito bem determinadas pode definir alternativas de escopo diferentes, com soluções mais ou menos onerosas, influenciando o planejamento de seu escopo. Alternativas simples, muitas vezes sem acréscimo de custos ou que se pagam ao longo do tempo, podem dar um caráter sustentável ao projeto;
- um cronograma sem folgas pode determinar custos mais altos para contratação de recursos melhor preparados ou compra de equipamentos que sejam mais produtivos;

- exigências de altos padrões de qualidade demandam aumento de custos com atividades de garantia e controle de qualidade;
- projetos importantes para a organização, mas de alto risco, exigirão previsão de ações para mitigação, de modo a diminuir a probabilidade e o impacto de ocorrências de riscos; para transferências de riscos, nos casos de estipulação de multas para fornecedores ou seguros; ou, ainda, planos de contingência, quando os riscos se tornarem problemas. Tudo isso influenciará o custo total do projeto;
- os dados coletados pelo planejamento de custos podem dar suporte a decisões no gerenciamento de aquisições entre fazer ou comprar (*make or buy*) pacotes de trabalho do projeto;
- projetos complexos ou globais, com recursos distribuídos em áreas geográficas diferentes, gerarão necessidades de uso de tecnologias complexas para comunicação ou para deslocamentos frequentes de equipes ou equipamentos;
- quanto maior o número de recursos humanos envolvidos, maior é o esforço para gerenciá-los. O custo desse gerenciamento muitas vezes justifica opções de terceirização para empresas especializadas em detrimento de contratação dos recursos pela própria organização que executa o projeto;
- coletar, processar e produzir informações precisas sobre custos em um círculo virtuoso contribui para o processo de gestão de conhecimento, configurando lições aprendidas que contribuirão para melhoria contínua e sucesso de fases futuras do mesmo projeto ou de projetos futuros.

Para que a integração aconteça entre o gerenciamento de custos e as áreas de conhecimento, assim como entre as diferentes especialidades ou disciplinas do projeto, a participação, desde o início do processo de planejamento, dos representantes de cada área envolvida é imperativa. São eles, os especialistas, que conhecem com detalhes suas atividades, de tal forma que podem definir mais de uma alternativa para sua execução e, com isso, facilitar a escolha daquela que tiver a melhor estimativa de custos. Alguns desses especialistas estão fora da organização que executa o projeto e podem ser consultores, fornecedores, órgãos reguladores ou até mesmo o cliente.

De acordo com Kerzner (2003), existem algumas armadilhas que devem ser evitadas pelo gerente do projeto, visto que dificultam um bom gerenciamento de custos. São elas:

- má interpretação da declaração de trabalho (PMI, 2013), ou seja, do documento de especificações do projeto quando ele é resultado de um contrato;
- escopo com omissões ou mal definido;
- cronograma pobremente definido ou muito otimista;
- estrutura analítica do projeto (EAP) pouco detalhada;
- previsão de recursos com perfil inadequado para as tarefas;
- falha na quantificação de riscos;
- falha no entendimento e apropriação (contabilização) dos diversos tipos de custos;
- escolha errada das diferentes técnicas de estimativas de custos.

Plano de gerenciamento de custos

Para facilitar o trabalho de gerenciamento e garantir que todos os projetos de uma organização, ou grupos de projetos, sejam gerenciados da mesma forma, é necessário que haja padronização nos processos de gerenciamento. O plano de gerenciamento do projeto contém o plano de gerenciamento de custos, que deve determinar o formato e estabelecer os critérios e diretrizes para planejar, estimar, orçar, monitorar e controlar os custos do projeto. Ele pode ser definido por um *project management office* (PMO) da organização executora ou ser definido pelo próprio projeto.

Conforme o *Guia PMBOK* (PMI, 2017), a quantidade e qualidade dos detalhes que dão sustentação ao plano de gerenciamento de custos variam por área de aplicação, tipo ou complexidade do projeto. Independentemente do nível de detalhe apresentado, o plano de gerenciamento de custos do projeto deve fornecer um entendimento claro e completo a respeito de como o gerenciamento de custos será planejado, executado, monitorado, controlado e encerrado no projeto.

Entre outras definições, ele deve conter:

- descrição dos processos a serem utilizados com modelos de documentos, formulários, relatórios, níveis de acesso e responsabilidades;
- interfaces com procedimentos organizacionais de governança, por exemplo, com o sistema contábil da empresa;
- relação e documentação de premissas assumidas relacionadas com custos;
- relação e documentação de restrições conhecidas e relacionadas com custos;
- exclusões de escopo e identificação dos itens que não devem ser considerados na estimativa de custos, embora façam parte do escopo do projeto, como aquisição de terras, custos de financiamento, custo de licenças etc.;
- unidades de medida usadas nas estimativas para cada um dos recursos, como valor de homem-hora, tonelada, preço global etc.;
- nível de precisão ou critérios de arredondamento (por exemplo, R$ 1.004,69 para 1.000,00 ou R$ 995,59 para R$ 1.000,00);

- critérios e qualificação da estimativa: data de referência dos custos, moeda, taxa de câmbio, estabilidade e/ou volatilidade das taxas etc.;
- classificação da estimativa incluindo o intervalo de variação e o nível de confiança da estimativa final;
- bases utilizadas na estimativa do gerenciamento do projeto, critérios e fontes usadas para obtenção dos dados quantitativos e tarifas salariais utilizadas;
- bases utilizadas nas estimativas de equipamentos, critérios e fontes usadas para obtenção dos dados quantitativos, fontes de preços para todos os equipamentos, fornecedores consultados, solicitações de informações, cotações, propostas de fornecedores, dados históricos, frete, impostos, taxas, transporte, seguro, embalagem etc.;
- bases utilizadas nas estimativas de materiais e insumos, fontes e critérios usados para obtenção dos dados quantitativos, fontes de preços para os principais materiais, fornecedores consultados, solicitações de informações, cotações, propostas de fornecedores, dados históricos, frete, impostos, taxas, transporte, seguro, embalagem etc.;
- bases utilizadas na estimativa de serviços, critérios e fontes usadas para obtenção dos dados quantitativos e tarifas salariais utilizadas;
- definição de como serão feitas as medições, revisões e relatórios de acompanhamento;
- limites inferiores e superiores de controle permitidos para variação de custos;
- regras do gerenciamento do valor agregado, tais como fórmulas de cálculo, nível da EAP em que será realizada a análise, critérios de medição do desempenho etc.;

- métodos de rastreamento:
  - *drill-down*, que significa investigar se a soma de valores, descendo do nível sintético ao analítico, está correta;
  - *drill-up*, que seria fazer a mesma validação percorrendo o caminho inverso – subindo dos níveis analíticos para o sintético –, usado para validar a agregação *bottom-up* de orçamento no término (ONT), por exemplo;
- considerações sobre flutuações nas taxas de câmbio, inflação e escalada (*escalation*);
- anexos: sumário dos custos por centro de custos do plano de contas, sumário por área física/sistema/prédio, estimativa de custo detalhada, documentação de referência e memórias de cálculo.

Ciclo de vida de produto ou custeio pelo ciclo de vida (*life cycle costing*)

Quando estimamos os recursos necessários para a execução de atividades de um projeto, é possível identificar que um deles seja um produto ou serviço, podendo ser, por exemplo, um ativo imobilizado ou mesmo um sistema composto por elementos físicos (HW) e lógicos, procedimentais e documentais (SW), cujo custo unitário total dependa do seu ciclo de vida. O custeio pelo ciclo de vida é a prática de organizar os custos de acordo com os estágios ou fases da vida de um produto ou serviço (Ostrenga, 1997). É uma técnica para estabelecer o custo total, considerando todos os custos incorridos desde a fase de pesquisa, desenvolvimento, operação e manutenção, até, se necessária, a retirada do produto ou serviço do mercado. O custo visível, ou mais óbvio, de aquisição desse produto ou serviço pode representar somente uma pequena parte do seu custo total. O gerente do projeto deve assegurar que a aquisição do produto ou serviço considere:

- custos de pesquisa e desenvolvimento – custos para pesquisar, projetar, desenvolver, testar e aprovar o protótipo do produto ou serviço. Por exemplo, se um projeto de exploração de petróleo precisa de um robô para atividades submarinas em profundidades jamais atingidas, ele deverá ser desenvolvido especificamente para esse fim;
- custos de produção – custos para implantações do produto ou serviço, como materiais, instalação, testes e aceitação. Usando o mesmo exemplo acima, esse custo deverá ser considerado quando for necessário produzir diversos robôs para o projeto;
- custos operacionais/manutenção – custos do produto ou serviço após sua entrega, como suporte, reparos, custos operacionais. Ainda em relação ao exemplo acima, um robô só pode ser operado por profissionais especializados e exige manutenção;
- custos de eliminação ou descarte – associados ao produto ou serviço, uma vez que tenha atingido seu ponto de inutilidade. Como exemplo, podemos citar o transporte de um equipamento para o ferro-velho ou a eliminação de gases tóxicos resultantes de um processo industrial.

A figura 1 demonstra o ciclo de vida de custos de um produto ou serviço, que configura um recurso necessário à execução de uma atividade de projeto.

Figura 1
Ciclo de vida de produto ou serviço

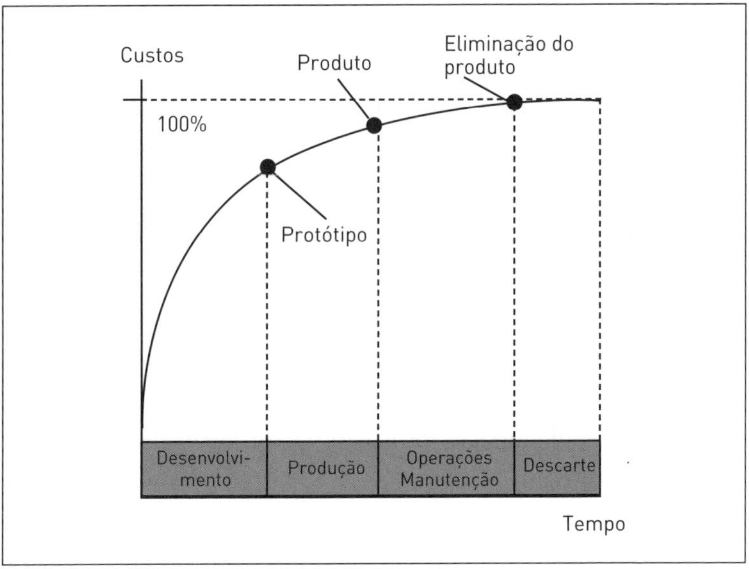

Tipos de custos

Além de identificar o ciclo de vida de alguns custos, é necessário considerarmos seus diversos tipos, que, agregados, irão compor o orçamento total do projeto. Contudo, um mesmo custo pode ser classificado e apropriado de formas diferentes, dependendo da metodologia utilizada pela organização, que deve estar contida no seu plano de gerenciamento de custos.

Custos diretos

Os custos diretos de um projeto podem ser facilmente identificados e quantificados a partir dos recursos necessários (mão de obra, materiais, equipamentos, serviços e insumos) para a realização das atividades pertinentes. Eles são diretamente atribuídos ao produto do projeto e, portanto, não necessitam de rateios para serem alocados. Quando há mudanças nas atividades do projeto devido a alteração das alternativas a serem utilizadas, os recursos podem mudar e configurar novos custos diretos. Segundo Wernke (2004), os custos diretos são os gastos facilmente apropriáveis às unidades produzidas, ou seja, são aqueles que podem ser identificados como pertencentes a este ou àquele produto, ou ao projeto. Alguns exemplos de custos diretos são: horas de trabalho, custos de viagens da equipe, custos dos materiais utilizados no projeto etc.

Mas o gerente de projetos deve entender como sua organização contabiliza os custos e classificá-los adequadamente. Para entender melhor, basta analisar os dois exemplos a seguir:

- custos de viagens, como transporte aéreo, hospedagem e alimentação podem ser considerados custos diretos na empresa A, se forem apropriados diretamente ao projeto, por exemplo, à atividade "realização de reunião";
- os mesmos custos podem ser apropriados ao centro de custos do departamento onde trabalha o funcionário que viaja para participar de reunião não relacionada ao projeto, sendo considerados indiretos, pois a classificação contábil e o procedimento de contabilização da empresa B assim o determinam.

Custos indiretos

Os custos indiretos são despesas gerais e gastos incorridos pela empresa em benefício de mais de um projeto ou operação; normalmente são custos relativos à manutenção do negócio. Apesar de não serem relacionados diretamente às atividades, podem ou não ser agregados no orçamento total do projeto, dependendo de sua natureza e regulamento tributável aplicável.

Reduzir custos indiretos é importante para aumentar a competitividade das organizações, e elas precisam reconhecer a necessidade de gerenciá-los. Mas, infelizmente, essa tarefa não é de fácil aplicação prática quando nos referimos aos projetos, pois normalmente os custos indiretos estão fora do controle do gerente do projeto em função de serem custos gerais rateados entre os diversos projetos da empresa.

Os custos indiretos se relacionam com as atividades necessárias ao funcionamento, como um todo, da empresa executora do projeto e poderão ser rateados para cada um deles, de acordo com um critério preestabelecido pela organização que os desenvolve. Esses custos devem ser classificados de acordo com a metodologia utilizada pela organização, e o gerente do projeto deve conhecê-la, para poder aplicá-la. Como exemplo dessa classificação, podemos citar:

- despesas administrativas – como o nome já diz, são as relacionadas às atividades de administração da empresa:
  - salários da direção e do pessoal administrativo;
  - despesas de representação;
  - depreciação da compra ou aluguel do imóvel sede da organização;
  - material de escritório;
  - energia elétrica e comunicações;
  - auditores e assessoria de consultores;
  - despesas com manutenção do escritório, oficinas de reparos e manutenção de equipamentos e depósitos para guarda de materiais e equipamentos;
- despesas comerciais – são as geradas pela comercialização dos projetos ou serviços da organização. No caso de uma

empresa que vende seus serviços diretamente a clientes potenciais ou os obtém participando das licitações promovidas por entidades públicas ou privadas, essas despesas podem compreender:
    - promoção e propaganda comerciais, salários e comissões de vendedores;
    - assessoria técnica para vendas ou licitações;
    - honorários, viagens e estadias;
    - assessoria jurídica a contratos;
    - elaboração de propostas;
    - direitos de propriedade ou patente (*royalties*);
- despesas tributárias – são as decorrentes de disposições legais, compreendendo tributos, impostos, taxas, emolumentos e tarifas, tais como IRPJ, ISS, PIS, Cofins etc.;
- despesas financeiras – referem-se ao custo do dinheiro, juros decorrentes de empréstimos tomados para financiar o capital de giro da organização empregado no projeto ou para aquisição de bens duráveis, como equipamentos.

Os recursos compartilhados entre diversos projetos ou com atividades operacionais da empresa devem também ter seu custo rateado a partir de critérios (combinados na fase de planejamento) ou podem ser classificados como custos diretos, se o gerente do projeto conseguir distinguir e apropriar exatamente a quantidade de esforço que eles representarão em cada empreendimento.

Custos fixos

São aqueles que não variam com a quantidade de trabalho do projeto ou para uma dada faixa de volume de projetos, por exemplo, instalações, aluguéis etc. No entanto, se a amplitude fixada para os projetos for ultrapassada, esses custos poderão mudar de patamar, conforme a figura 2. É importante destacar que o custo fixo tem uma capacidade máxima, que, se ultrapassada, demandará contratação adicional. Um bom exemplo é considerarmos que determinada máquina tem a capacidade máxima de trabalho de 240 horas mensais e o custo de aluguel de R$ 1.000,00 por mês. Logo, se a máquina trabalhar até 240 horas por mês, o valor a ser pago por ela será fixo e igual a R$ 1.000,00. Porém o projeto necessita de 360 horas por mês dessa mesma máquina, de modo que teremos de contratar duas máquinas, o que elevará esse custo fixo do projeto para R$ 2 mil; a capacidade máxima passará de 240 horas para 480 horas por mês, apesar de o projeto só precisar de 360 horas mensais.

Figura 2
Custo fixo

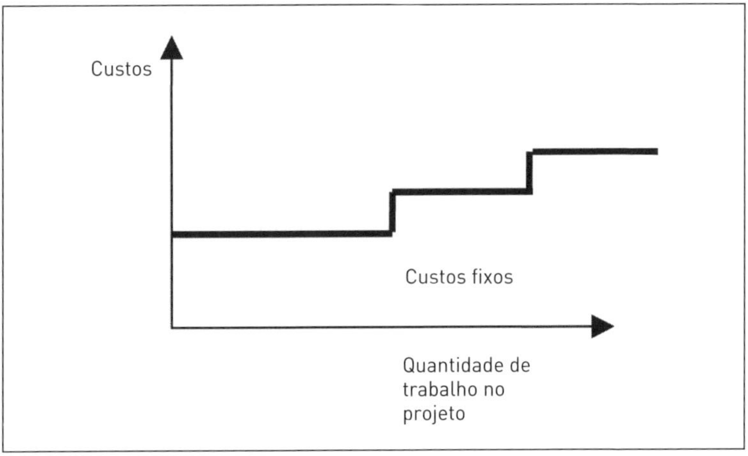

Custos variáveis

São aqueles que se modificam de forma proporcional e direta, em função da quantidade de trabalho do projeto, e são relacionados, por exemplo, à mão de obra, aos materiais e aos suprimentos utilizados no projeto. Um bom exemplo seria considerar um projeto de fabricação de mesas, no qual sabemos que gastamos 1 m^2 de fórmica e uma hora de mão de obra para montar cada mesa. Logo, o custo da fórmica e da mão de obra será proporcional à quantidade de mesas que o projeto irá produzir. A figura 3 nos mostra como se comportam os custos variáveis.

Figura 3
Custo variável

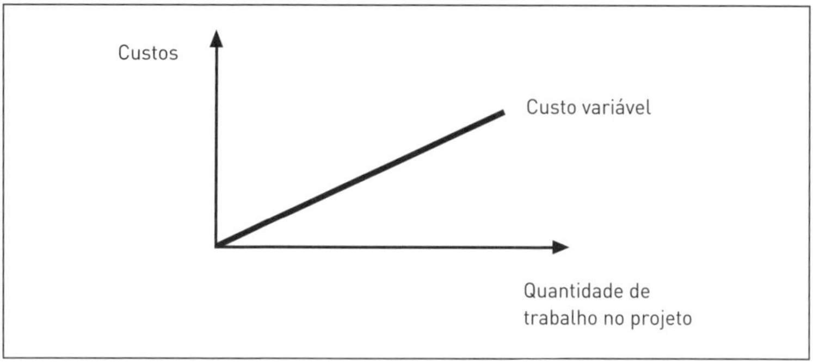

Custos retrospectivos, incorridos ou afundados (*sunk costs*)

Vamos supor que um projeto esteja no seu segundo mês de existência e que uma catástrofe o tenha impedido de continuar. Algumas atividades já terão sido desenvolvidas e o respectivo custo já terá ocorrido. Mesmo que ainda não tenha sido desembolsado nenhum valor relativo a essas atividades, elas terão de ser pagas, pois existe um custo incorrido, referente aos recursos que já foram gastos no projeto em todo o ciclo de vida até esse momento e que está fora do controle do gerente do projeto. Independentemente do que aconteça, os custos incorridos não podem ser recuperados e também não afetarão os resultados futuros do projeto. Eles serão considerados custo real do projeto. Nesse caso específico, se houver o cancelamento do projeto, independentemente do motivo, seus custos incorridos são considerados perdas.

Suponhamos, então, que um projeto, cuja duração inicial era de 12 meses com orçamento total de R$ 12 milhões e um valor presente líquido (VPL) de R$ 20 milhões esteja no seu terceiro mês e já tenha comprometido R$ 8 milhões em custos, em vez dos R$ 4 milhões planejados. O gerente do projeto faz uma nova projeção de custos e conclui que o projeto irá consumir mais R$ 10 milhões para terminar. Quando o comitê executivo avaliar o empreendimento, os R$ 8 milhões já gastos não devem ser levados em consideração para decidir se vale a pena continuar ou não, pois o valor gasto não pode ser mais recuperado. Em vez disso o comitê deve avaliar se o *business case* original ainda continua válido, isto é, se o VPL do projeto continua vislumbrando um retorno interessante que justifique o novo investimento. Em outras palavras, deve avaliar se vale a pena investir os R$ 10 milhões adicionais para conseguir o retorno de R$ 20 milhões, em termos de VPL.

Esse dilema de não considerar os custos retrospectivos, segundo Lehmann (2008), normalmente leva a exceder os custos quando a decisão considera apenas benefícios futuros e incertos contra os gastos prospectivos, ou seja, os que ainda estão por vir.

Um exemplo real desse dilema seria analisarmos a decisão sobre continuar ou não o projeto dos Jogos Pan-americanos de 2007, no Rio de Janeiro, que ultrapassou o orçamento original de R$ 414 milhões, chegando a mais de R$ 3 bilhões. Nesse caso, os benefícios tangíveis (tais como legado em termos de infraestrutura) e intangíveis (reputação, candidatura para a Olimpíada e para a Copa do Mundo de Futebol) do projeto justificaram sua continuidade, resultando num desempenho econômico-financeiro desastroso do empreendimento (Thuswohl, 2007), mas um sucesso inegável em termos de resultados intangíveis.

Custos de oportunidade

É o custo da oportunidade de desistir de selecionar um projeto em detrimento de melhor opção entre projetos descartados. Por exemplo, uma empresa destinou à diretoria de marketing um orçamento anual de R$ 300 mil. A diretoria de marketing desejava desenvolver dois projetos para lançamento de dois novos produtos, mas não possuía orçamento para os dois. O projeto para lançamento do produto A tem seu resultado estimado em R$ 600 mil, e o projeto para lançamento do produto B, em R$ 500 mil. O custo de oportunidade para selecionar o projeto de lançamento do produto A em vez de escolher o projeto de lançamento do produto B é igual a R$ 500 mil. Ou seja, a empresa deixará de obter um resultado de R$ 500 mil devido à escolha do projeto A. Esse conceito é muito utilizado na fase de composição do portfólio da empresa, quando os projetos são selecionados a partir da análise de seus benefícios e viabilidade.

Plano de contas

Segundo Sá (2002), um plano de contas é um instrumento que compõe o sistema contábil de uma organização, dentro do conjunto de normas instituídas. Nele é estabelecida a conduta de escrituração contábil, por meio da exposição das contas, códigos, funções, registros, grupos, relação da interligação de grupos e contas, análises, entre outras atividades inerentes ao processo. Não cabe apenas elencar as contas. Na área dos negócios, a contabilidade se norteia por um plano de contas para que todos os dados sejam adequadamente classificados, selecionados, compilados, resumidos e registrados em contas separadas. O plano de contas é útil na elaboração de estimativas, no planejamento e controle do orçamento e no estabelecimento de dados históricos de custos, sendo uma fonte preciosa de informações para projetos futuros.

Para que possamos gerenciar custos em projetos, toda a movimentação tem de estar registrada de alguma forma, a fim de possibilitar monitoramento e controle do que foi planejado em relação ao realizado. A melhor forma de fazer isso é utilizar um plano de contas.

Em projetos, os custos devem ser contabilizados de acordo com o plano de contas da organização ou um plano especificamente desenhado para eles. Nos projetos de alta complexidade, em que mais de uma empresa se unem na modalidade de consórcio, é muito comum o desenvolvimento de um plano de contas específico para monitoramento e controle mais detalhado dos custos e consequente prestação de contas às empresas envolvidas. É interessante segregar os custos de sustentabilidade, de forma que fique fácil identificar os resultados financeiros associados aos pacotes de trabalho da EAP que geram impactos sociais, ambientais e/ou econômicos.

Embora possam variar os critérios na elaboração dos planos de contas, permanece imutável a característica essencial quanto às suas finalidades e objetivos – ser um norte, um roteiro completo, um guia para as tarefas contábeis, podendo ser mais ou menos detalhado.

Um plano de contas tem partes essenciais que estruturam sua composição. São elas:

- princípios gerais;
- elenco das contas;
- função das contas;
- funcionamento das contas;
- normas de avaliação e apuração;
- demonstrativos;
- explicações adicionais.

Nem sempre todas as partes aqui mencionadas são apresentadas; entretanto, são de valor relevante para o entendimento na organização, como exemplificado no apêndice – Plano de contas para um projeto de engenharia.

Cada organização precisa ter um plano estudado e apropriado às suas peculiaridades. É absolutamente utópico o plano padrão, que visa impor normas demasiadamente gerais, já que cada organização tem seus aspectos e objetivos próprios, que o plano precisa alcançar.

Os gerentes devem entender perfeitamente como seus projetos precisam interagir com os planos de contas estipulados para eles, pois assim será organizado o gerenciamento de custos.

O que o gerente de projetos precisa entender é como cada pacote de trabalho da EAP está ligado ao plano de contas do projeto. Por exemplo, na construção de uma fábrica, o módulo A do projeto de engenharia pode ser custeado pelos centros de custos dos departamentos de engenharia, de elétrica e de mecânica, conforme vemos na figura 4.

Quando o plano de contas é usado de forma adequada ao projeto, estruturado por atividade e com recursos estimados por atividade por meio de seus elementos de contas, ele pode proporcionar os seguintes benefícios ao projeto (AACEI, 1998):

- menos esforço no desenvolvimento de um plano de custos para cada novo projeto;
- redução de custos de treinamento dos gerentes de projetos, pois é mais fácil aprender somente um sistema de codificação de custos do que diversos;
- diminuição da confusão entre os membros da equipe do projeto, em função de bases consistentes e uniformes de custos do projeto;
- racionalização do esforço das atividades de coleta, apuração e análise dos custos do projeto;

Figura 4
EAP e o plano de contas

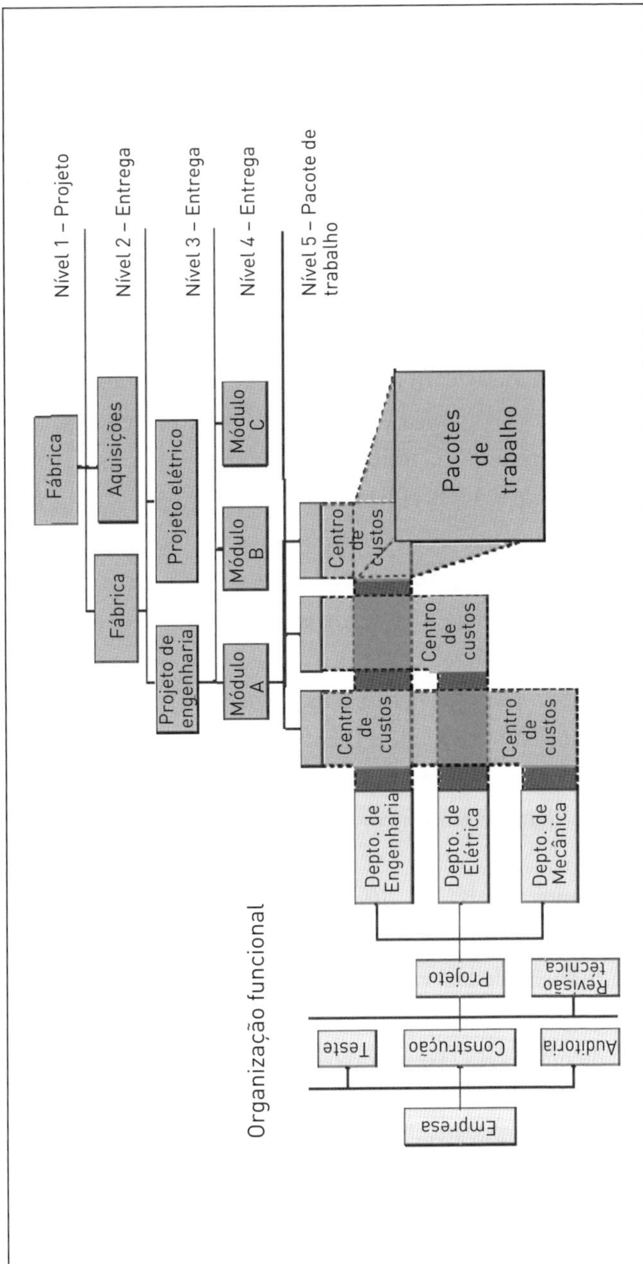

Fonte: Kerzner (2003).

- redução dos problemas causados por divergências entre o controle de custos do projeto e o da contabilidade;
- constituição de um excelente banco de dados, mais preciso e confiável, a partir do qual é possível gerar inúmeros relatórios e fazer gestão de conhecimento, visto que contém toda a história dos custos do projeto, permitindo a geração de lições aprendidas e a obtenção de métricas que permitirão a comparação de diversos projetos, facilitando a elaboração de estimativas de custos de projeto similares;
- melhoria da integração e sumarização dos custos de múltiplos projetos.

Diagrama de Pareto

Como já vimos, os projetos são compostos geralmente por múltiplas atividades, cada uma podendo demandar vários recursos associados ao plano de contas do projeto. Existe um elenco muito grande de itens que, à primeira vista, devem ser planejados, monitorados e controlados. Para distinguir os itens mais importantes daqueles de menor importância, podemos lançar mão de outra ferramenta muito útil: o princípio de Pareto, também conhecido como "poucos significativos e muitos insignificantes" ou "20/80", pois 20% dos itens podem representar 80% dos pontos de atenção. A aplicação desse princípio ao custo possibilita uma rápida e clara identificação dos pacotes de trabalhos e/ou centros de custos que são mais significativos em relação aos custos estimados, permitindo a focalização nos itens que têm mais impacto no orçamento do projeto.

No exemplo do quadro 1 e da figura 5, verificamos que peças, materiais, maquinários e salários representam uma parcela significativa dos custos do projeto (aproximadamente 80%), merecendo especial atenção tanto no processo de estimativas quanto no de controle.

Quadro 1

Itens, valores e percentuais de um projeto

Item ou centro de custos	Valor (R$)	Valor acumulado (R$)	%	% acumulado
Peças e materiais	600.000,00	600.000,00	32,61	32,61
Maquinário	520.000,00	1.120.000,00	28,26	60,87
Salários	370.000,00	1.490.000,00	20,11	80,98
Manutenção	150.000,00	1.640.000,00	8,15	89,13
Aluguel de escritório	75.000,00	1.715.000,00	4,08	93,21
Seguro	50.000,00	1.765.000,00	2,72	95,92
Benefícios e fundos de pensão	30.000,00	1.795.000,00	1,63	97,55
Veículos	25.000,00	1.820.000,00	1,36	98,91
Pesquisa	20.000,00	1.840.000,00	1,09	100,00

Figura 5

Diagrama de Pareto

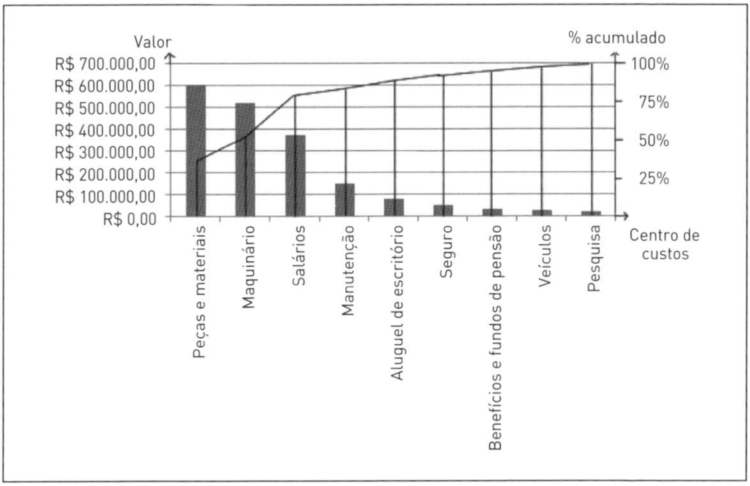

* * *

Neste capítulo, explicitamos como conceitos importantes podem ajudar no bom gerenciamento de custos. No próximo, abordaremos como utilizá-los nas estimativas de custos do projeto.

2
Estimativas de custos

Os projetos amadurecem à medida que as definições são estabelecidas e as características do produto ou serviço são desenvolvidas. Cada fase do projeto precisa de uma abordagem gerencial específica, que pode resultar na autorização de prosseguir para a próxima fase, no cancelamento do projeto ou na repetição da fase anterior.

Neste capítulo, apresentaremos os métodos e tipos de estimativas de custos mais apropriados para cada fase do ciclo de vida dos projetos, de modo que tanto a qualidade quanto a precisão das estimativas possam ser continuamente melhoradas, à medida que mais detalhes e informações se tornam disponíveis.

Em seguida, veremos como ajustar as estimativas de custos, levando em consideração as incertezas decorrentes da falta de informações, avaliando seus graus de confiança e determinando as reservas de contingência para os riscos identificados.

Estimativas de custos e ciclo de vida dos projetos

A estimativa de custos é um importante processo de gerenciamento de projetos, pois ela possibilita o cálculo dos custos dos recursos necessários para executar as atividades ou pacotes de trabalho do projeto, definindo os recursos monetários necessários para a execução do projeto. Ela está intimamente relacionada com a descrição do escopo do produto, do escopo do projeto, com a EAP e com as estimativas de recursos (Sotille et al., 2011; Barcaui et al., 2011).

Esse processo possibilita o cálculo do custo total planejado para o projeto que, somado à reserva de contingência necessária, calculada a partir do gerenciamento dos riscos do projeto, possibilita o estabelecimento da linha de base de custos.

Os processos usados em estimativas de custos, assim como os critérios, métodos e técnicas variam nas diversas áreas de aplicação. As empresas mais maduras em gerenciamento de custos possuem regras específicas, normalmente obtidas da sua experiência prática adquirida durante vários anos, por intermédio do arquivamento de dados históricos de custos reais. Esses dados podem estar organizados de acordo com um plano de contas, possibilitando, portanto, um bom *feedback*, que serve de base para o desenvolvimento de novas estimativas de custos.

Podemos usar as estimativas de custos para diversos propósitos, em diversos estágios ou fases de um projeto, como:

- na seleção e estudo de viabilidade de projetos;
- nas decisões de fazer ou comprar um projeto ou somente um determinado pacote de trabalho;
- nos estudos de redução/otimização de custos de um projeto;
- na compressão de cronogramas;
- na determinação do capital utilizado na aquisição de um recurso do projeto;
- nas decisões de gerenciamento de riscos.

Grandes empreendimentos na área de construção, engenharia pesada e infraestrutura usam a metodologia de gestão *front-end loading* (FEL) (Ramos, 2006), que é estruturada a partir de portões de estágio ou portões de fase (*stage gate or phase gate process or gate review*) do ciclo de vida de projetos. Segundo Porter Jr. (2002), o termo FEL foi cunhado pela empresa DuPont de Nemours, na década de 1990. O FEL abrange as três primeiras fases do ciclo de vida (FEL 1, FEL 2 e FEL 3) e fornece um entendimento detalhado e antecipado do projeto para minimizar as mudanças durante as fases posteriores do ciclo de vida do projeto.

FEL 1 é a fase de planejamento do negócio, FEL 2 é a fase de engenharia conceitual e FEL 3 é a fase de projeto básico. A metodologia do FEL requer que em cada portão de fase (portões 1, 2 e 3), entre outros produtos, sejam apresentadas estimativas de custos e sua agregação no formato de orçamentos. À medida que mais informações são geradas a cada fase de FEL, os valores orçados ficam progressivamente mais precisos e acurados, culminando na linha de base de custos que veremos em detalhe nos capítulos 3 e 4.

O processo de estimativa de custos

Independentemente da fase do ciclo de vida do projeto em que é utilizado, estimar custos é o processo de desenvolvimento de uma previsão dos custos prováveis dos recursos necessários para executar as atividades ou pacotes de trabalho do projeto, incluindo não somente, mas principalmente, mão de obra, materiais e equipamentos que representam uma parcela significativa do custo total de um projeto (PMI, 2017).

A estimativa é uma previsão dos custos dos recursos (por exemplo, mão de obra, equipamentos, materiais, serviços e insumos) requeridos pelo escopo de uma atividade, pacote de trabalho ou projeto. Portanto, como uma previsão, a estimativa é realizada tendo como base as informações conhecidas num determinado momento e também deve considerar riscos (por exemplo, provisão para inflação além de reservas de contingência e gerencial). As estimativas de custos são determinadas usando a experiência, calculando e prevendo os custos futuros dos recursos.

Em projetos de alto investimento, de longo prazo de execução, com várias moedas, as flutuações de câmbio e a inflação precisam ser consideradas riscos nas estimativas de custo de investimento (PMI, 2017).

Na elaboração de estimativas de custos, podemos utilizar diversos métodos, cujo esforço necessário e complexidade aumentam em função do grau de precisão estabelecido. As estimativas de custos se tornam mais detalhadas, e por consequência mais precisas, à medida que o projeto é desenvolvido e maiores quantidades de informações são conhecidas. Por isso, a metodologia de elaboração das estimativas de custos deve considerar:

- a quantidade, qualidade e suficiência das informações disponíveis no momento de sua realização;
- o fato de que tanto a qualidade quanto a precisão das estimativas de custos podem ser continuamente melhoradas, ou seja, refinadas, à medida que o projeto é progressivamente elaborado.

A fim de facilitar as comparações entre os diversos componentes de um projeto, ou mesmo entre projetos, podemos expressar as estimativas de custos em unidades de alguma moeda (por exemplo, dólar, euro, iene, entre outras). Se aplicável, elas também devem identificar as taxas de câmbio a serem usadas nas conversões de moedas, refletindo o custo de uma moeda em relação à outra. Não podemos esquecer que o dinheiro tem um valor temporal; consequentemente, as estimativas de custos devem referir-se a uma data específica, a fim de que sejam possíveis soma, subtração e comparação de valores. Para eliminação dos efeitos das oscilações nas moedas, podemos usar outras unidades de medição, como: homens-horas, homens-dias ou homens-meses.

Sugerimos que os processos de estimativas de custos sejam realizados por meio dos seguintes passos básicos (AACEI, 1998; Stewart, Wyskida e Johannes, 1995):

1) estabelecer os requisitos da estimativa, tais como: critérios, premissas e restrições, grau de precisão, data de referência dos valores, moeda, taxa de câmbio etc., que devem constar do plano de gerenciamento de custos;
2) rever a estrutura analítica do projeto, que fornece a base para coletar, consolidar, acumular, organizar e estimar os custos diretos (Sotille et al., 2011). Ela é normalmente usada para planejar, reportar e controlar os custos do projeto;
3) rever o cronograma, que contém as durações das atividades e os recursos necessários para realizá-las. Além disso, a estimativa de custos será a base para a definição da disponibilidade de recursos, do fluxo de caixa e das regras a serem utilizadas para a escalada de custos (*cost escalation*) e inflação. Costuma-se constituir uma provisão no orçamento antevendo aumentos nos custos de equipamentos, materiais, mão de obra etc., em relação aos valores especificados na ordem de compra ou contrato, devido às contínuas alterações nos níveis de preços ao longo do tempo;
4) recuperar e organizar os dados históricos, que são registros de informações ou documentações das experiências adquiridas em projetos similares desenvolvidos por uma equipe responsável. Para obter maior confiabilidade, normalmente os dados históricos são normalizados para remover as influências da inflação, localização geográfica, eficiência e diferenças de tarifas de mão de obra. Esses dados são geralmente proprietários, pois cada empresa desenvolve seus próprios padrões,

mas ocasionalmente manuais (como os utilizados para a construção civil) disponibilizam suas métricas, facilitando a elaboração de estimativas de custos;

5) desenvolver e usar os relacionamentos da estimativa de custos ou *cost estimating relationships* (CER), que podem variar desde uma simples regra do polegar *(rules of thumb)* até complexos relacionamentos envolvendo múltiplas variáveis. O CER é um algoritmo ou fórmula que mostra alguns recursos como função de um ou mais parâmetros que quantificam o escopo, fornecendo equações ou gráficos que sumariam dados históricos de custos e recursos para serem usados em estimativas futuras, podendo ser estocásticos (paramétricos) ou determinísticos (definitivos). Para elaborarmos a estimativa detalhada (*bottom-up*) de um pacote de trabalho ou de uma atividade, por exemplo, na execução de uma planta de fundação de um equipamento mecânico, podemos usar o CER apresentado abaixo para calcular o custo da mão de obra necessária para executar este serviço:

$$\text{CMB (custo da mão de obra)} = QE \times IP \times TAR$$

onde:

- QE = quantidade estimada de desenhos, por exemplo, cinco desenhos;
- IP = índice de produtividade (Hh/desenho), por exemplo, 50 Hh por desenho;
- TAR = tarifa média das categorias (custo unitário = R$/h), por exemplo: R$ 100,00/h;
- CMB (custo da mão de obra) = 5 × 50 × 100 = R$ 25.000,00;

6) desenvolver curvas de aprendizado, que são ferramentas extremamente úteis para estimativas de recursos, quando uma

grande quantidade de operações repetitivas e uniformes no fornecimento de um produto ou de uma atividade é esperada. É uma representação gráfica do aumento do desempenho e produtividade à medida que a repetição das atividades reduz a quantidade de horas gastas em função do aprendizado adquirido. Exemplificando, em projetos de tecnologia da informação (TI), quando existe uma atividade de montagem de diversos computadores iguais, a cada vez que essa atividade é repetida o número de horas de trabalho por montagem é reduzido em uma porcentagem fixa em relação ao seu valor inicial. Essa taxa é conhecida como taxa de aprendizagem;

7) identificar as categorias ou disciplina (pedreiros, engenheiros, analistas, médicos etc.) que serão utilizadas para realização dos trabalhos e seus respectivos níveis de especialização (graus de competência, treinamento ou senioridade de uma determinada categoria) e tarifas salariais proporcionais aos níveis de competência, treinamento ou senioridade. Como exemplo, podemos considerar a execução de uma planta de fundação de um equipamento mecânico em que estimamos a elaboração de cinco desenhos de fundação, com uma produtividade de 50 homens-horas (Hh) por desenho, totalizando o esforço de 250 Hh. Para a obtenção do custo desse pacote de trabalho, o especialista da disciplina engenharia civil, estimou a seguinte distribuição do esforço (Hh) por categoria: engenheiro (30%), correspondendo a 75 Hh; projetista (40%), correspondendo a 100 Hh e cadista – profissional que executa desenhos técnicos utilizando o software AutoCAD – (30%), correspondendo a 75 Hh.

Novamente, baseado em métricas da empresa, o especialista estimou a seguinte distribuição por nível de especialização, para cada categoria de mão de obra da disciplina engenharia civil:

- categoria engenheiro: 20% sênior, 60% pleno e 20% júnior;
- categoria projetista: 40% sênior e 60% pleno;
- categoria cadista: 100% sênior.

A cada categoria foram associadas as respectivas tarifas horárias (custos unitários dos níveis de especialização de cada categoria), cujos resultados apresentamos na tabela 1.

Tabela 1
Distribuição do custo da mão de obra por categoria/nível de especialização

Categoria	Nível de especialização	Homens-horas		Custo unitário (R$)	Custo (R$)
		%	Hh		
Disciplina: engenharia civil Pacote de trabalho: Projeto de fundação de um equipamento mecânico Esforço (Hh) 250					
Engenheiro		30	75	137,00	10.275,00
	Sênior	20	15	200,00	3.000,00
	Pleno	60	45	135,00	6.075,00
	Júnior	20	15	80,00	1.200,00
Projetista		40	100	106,00	10.600,00
	Sênior	40	40	130,00	5.200,00
	Pleno	60	60	90,00	5.400,00
	Júnior				
Cadista		30	75	55,00	4.125,00
	Sênior	100	75	55,00	4.125,00
	Pleno	-	-	-	-
	Júnior	-	-	-	-
Total do pacote de trabalho			250	100,00	25.000,00

8) desenvolver as estimativas de custos diretos (mão de obra, equipamentos e materiais) e indiretos (custos administrativos e de *overhead*), conforme explicado no capítulo 1;

9) aplicar os fatores de inflação (*inflation*) e de escalada de custos (*escalation*), considerando-os fenômenos distintos, conduzidos ou criados por forças completamente diferentes. Em função do desconhecimento do que realmente pode influenciá-los, esses fatores são difíceis de ser previstos e controlados, mas são de grande impacto nas estimativas de custos, provocando desvios entre os valores orçados e realizados. Conforme apresentado no livro *Gerenciamento de riscos em projetos* (Salles Jr. et al., 2010), esses fatores devem ser considerados nas análises de riscos como riscos potenciais que terão suas respostas planejadas como atividades do projeto, com os respectivos recursos, durações e custos estimados;
10) calcular os custos estimados utilizando ferramentas. No passado, a maioria das empresas desenvolveu suas próprias ferramentas matemáticas e computacionais para estimativas de custos. Atualmente, existem diversas ferramentas disponíveis no mercado para elaboração das rotinas de cálculos, possibilitando à equipe de custos a focalização na criação de melhores modelos de custos, o desenvolvimento de bases lógicas e mais realistas e a formulação de melhores métodos para coleta e armazenamento de dados históricos. Como exemplo, podemos citar: ProEst® Estimating, da Construction Management Software; Sucess Estimator, da U.S. Cost; Project Cost Management, da Hard Dollar etc.
11) elaborar a análise de riscos e o plano de respostas aos riscos cujas ações podem representar custos, por exemplo, com seguros, garantias, fianças, treinamentos, contratações de consultorias especializadas, inclusão de redundância em um sistema, alterações no plano do projeto etc.;
12) estabelecer reservas de contingência para lidar com variabilidade de estimativas e com a aceitação de riscos de eventos discretos e/ou valor residual de riscos mitigados/transferidos.

O *Guia PMBOK* (PMI, 2017), na sua sexta edição, considera que reservas de contingência podem ser um percentual incidindo sobre custo, um valor fixo ou um montante calculado por meio da utilização de métodos da análise quantitativa, como a análise do valor monetário esperado, modelagem e simulação usando, por exemplo, a simulação de Monte Carlo;

13) analisar, ajustar e dar consistência às estimativas de custos para reduzi-las quando precisarmos promover "cortes". Essa é uma das principais fases do processo de estimativa de custos, pois é comum os projetos possuírem um orçamento predefinido (uma restrição), que não pode ser ultrapassado em decorrência da disponibilidade de fundos. Consequentemente, precisamos adequar os valores estimados a um valor previamente estabelecido, de forma a obter um produto ou serviço ligeiramente diferente do originalmente projetado por um custo ligeiramente menor, sempre com a preocupação de analisar os impactos no desempenho, na qualidade e no cronograma;

14) publicar e apresentar a estimativa de custos em um documento bem organizado, coeso, atraente e de fácil compreensão, que deve assegurar a compatibilidade entre a estrutura analítica, o plano de contas e a estrutura organizacional do projeto. Dessa forma, será possível a reportação dos valores por pacotes de trabalho e por elementos de custos, permitindo a sumarização dos custos nos diversos níveis da estrutura. O documento deve conter as bases, premissas e restrições consideradas, abrangência da estimativa, grau de precisão, metodologia utilizada. Deve apresentar como anexos, se necessário, os principais documentos técnicos usados como referência (folhas de dados, especificações, memórias de cálculos, lista de materiais, tarifas de mão de obra utilizadas, custos de materiais, de equipamentos, taxas

usadas para inflação – caso utilizadas – e custos indiretos). O gerente deve garantir que o plano de gerenciamento do projeto contenha descrição do escopo detalhada e os principais documentos de suprimentos (critérios usados para seleção, propostas, mapas comparativos de cotações, pareceres técnicos e comerciais etc.). As informações de custos devem ser apresentadas de forma sumariada e detalhada.

Métodos de estimativas de custos

Segundo Stewart, Wyskida e Johannes (1995), na elaboração de estimativas de custos podemos utilizar diversos métodos de preparação e uma variedade de combinações desses métodos. As combinações dependem da natureza e da dimensão do esforço, da disponibilidade de dados técnicos e históricos disponíveis e da experiência e habilidades das pessoas que elaboram a estimativa. Portanto, na elaboração de um determinado tipo de estimativa (por exemplo, em uma estimativa orçamentária), podemos usar uma combinação de métodos determinísticos (como o método da estimativa detalhada, utilizando custos unitários obtidos por meio de levantamentos quantitativos, combinado com o método da estimativa por analogia para os itens menos significativos) e métodos estocásticos (modelos paramétricos, aplicados a itens menos significativos).

Como exemplos de métodos de estimativas de custos, destacamos:

- método da estimativa de custos baseada na opinião especializada;
- método da estimativa por analogia;
- método da estimativa paramétrica ou estatística;
- método da estimativa de custos detalhada (*bottom-up*);
- método da estimativa de três pontos.

Método da estimativa de custos baseada na opinião especializada

As estimativas de custos baseadas em opinião especializada (*expert opinion cost estimating*) são também conhecidas como "estimativa direta" (*direct estimating*), "estimativa de custos empíricos" (*empirical cost estimating*), "estimativa de custos de mesa-redonda" (*roundtable cost estimating*), "julgamento" (*judgement cost estimation*), "julgamento de especialista" (*expert judgment cost estimation*), "histórica", "método da regra do polegar" (*rule-of-thumb method*).

Esse método de estimativa conta com os especialistas das diversas disciplinas, que estejam familiarizados com as atividades que estão sendo consideradas, para preparar as estimativas de custos. Por exemplo, em um projeto industrial, os especialistas das disciplinas referentes aos processos de engenharia, suprimento, fabricação, construção, montagem e testes serão envolvidos. Essas estimativas são realizadas por meio do método direto, normalmente sem a utilização de dados técnicos detalhados (como desenhos, listas de materiais, especificações etc.). São baseadas apenas na experiência, habilidade, conhecimento, intuição e dados históricos empíricos de projetos similares. Os especialistas, isoladamente ou em grupos (como na estimativa de mesa-redonda – *roundtable estimating*), após o estudo dos pacotes de trabalho ou atividades, farão a previsão dos recursos necessários (mão de obra, equipamentos e materiais). O nível de detalhe do trabalho a ser realizado depende da definição técnica e do tempo designado para a execução da estimativa de custos. Salientamos que essas técnicas possibilitam mais rapidez na elaboração da estimativa de custos e, consequentemente, envolvem menor custo, mas em contrapartida não são respaldadas por documentos técnicos.

Método da estimativa por analogia (*analogous estimate method*)

A *estimativa por analogia*, também chamada de *top-down*, é a forma mais simples de estimativa de custos. É normalmente realizada durante as fases iniciais do ciclo de vida do projeto, quando ainda não possuímos informações detalhadas, elaborada quando existe uma significativa similaridade entre o projeto proposto e aqueles que fazem parte da base de dados históricos. É menos complexa e mais fácil de ser usada do que os modelos paramétricos e detalhados, pois é realizada por meio de informações sobre os custos reais de projetos anteriores, com características similares de escopo, complexidade, duração, peso, tipo, tamanho, locação, requisitos e expectativas de qualidade. Com base na comparação dessas características do projeto similar, estima-se o projeto atual. Trata-se de uma abordagem de ordem de grandeza para estimar, "grosseiramente", o custo total de um projeto ou de componentes dos diferentes níveis de sua estrutura analítica (EAP), podendo ser usada simultaneamente com outros métodos, por exemplo, com as estimativas paramétricas e detalhadas (*bottom-up*). Tais características fazem com que a estimativa por analogia seja utilizada como verificação cruzada de outras técnicas mais detalhadas de estimativas de custos.

Em função da técnica ou ferramenta utilizada, as estimativas por analogia são também conhecidas como analogia específica (*specific analogy*), custos históricos (*historical costs*), estimativa por comparação (*estimating by comparison*), análise comparativa (*comparative analysis*), estimativa comparativa de custos (*comparative cost estimating*), estimativa fatorizada (*factor estimating*), método do fator de capacidade (*capacity factor method*) e estimativa do fator principal (*key factor estimating*).

A AACEI por meio de sua prática 10S-90, *Cost engineering terminology*, define o método do fator de capacidade (*capacity factor method*) como um método de estimativa de custos em que o custo de uma nova instalação é obtido por meio de um item ou instalação similar conhecida, mas normalmente com capacidade diferente. Nesse método, a razão de custo entre as duas instalações similares é igual à razão de suas capacidades elevadas a um fator exponencial [AACEI, 2012:18].

Em situações em que os dados históricos de custos estão indisponíveis ou não são apropriados, podemos usar os métodos do fator de capacidade (*capacity factor method*), que utiliza equações simples, baseadas em experiências passadas, cuja fórmula apresentamos abaixo (Stewart, Wyskida e Johannes, 1995):

$$C_P = C_E \, (S_P / S_E)^n$$

onde:

- C_P é o custo total da instalação proposta;
- C_E é o custo total de uma instalação similar existente;
- S_P e S_E são, respectivamente, a área ou capacidade das instalações proposta e existente;
- n é um expoente apropriado para o tipo de instalação, normalmente variando entre 0,60 a 0,95, dependendo da complexidade da instalação considerada.

Observamos que essa equação reflete o fato de que, à medida que as instalações se tornam maiores em área ou capacidade, o custo total aumenta, mas não em proporção linear.

Um estádio de futebol custa R$ 400 milhões e tem uma capacidade para 80 mil espectadores. Quanto custará construir um estádio capaz de receber 33 mil espectadores? (n = 0,67).

$C_P = C_E \, (S_P / S_E)^{0,67}$

$C_P = R\$ \, 400.000 \, (33.000 / 80.000)^{0,67}$

C_P = R\$ 400.000 $(0{,}4125)^{0{,}67}$
C_P = R\$ 400.000 (0,5525)
C_P = R\$ 221.000

Rad (2002) apresenta como ferramentas da estimativa por analogia e como variações da regra dos seis décimos as regras dos três quartos, da raiz quadrada e a dos dois terços, salientando a importância da customização desses modelos para aumentar a precisão e a confiabilidade dos dados apresentados por meio do desenvolvimento de expoentes adequados para a estimativa de projetos futuros. O expoente n pode ser encontrado na pesquisa realizada por Gates e Scarpa (apud Stewart, Wyskida e Johannes, 1995).

A estimativa de razão (*ratio estimating*) ou de fatoração é uma das formas mais básicas de estimativa nos projetos de construção e industriais. Essa técnica tem como premissa a existência de um relacionamento linear entre o custo/duração do projeto com uma ou mais características básicas do projeto proposto. As características básicas nesse processo estão relacionadas a atributos físicos ou a características de desempenho. Como exemplo, podemos considerar que, com base em experiências passadas, o custo de equipamentos em uma planta industrial é de aproximadamente 40% do custo total do projeto (ou empreendimento) ou que, em um projeto de engenharia de detalhamento, a engenharia de tubulação corresponde a 30% do total de homens-horas previsto para a engenharia de detalhamento (Rad, 2002).

Peters e Timmerhaus (1981) consideram que, em função da importância de realizar estimativas durante as fases iniciais do ciclo de vida do projeto, principalmente para a análise de viabilidade e seleção de projetos, foram desenvolvidas diversas variações da estimativa por analogia. Como exemplo, citamos os índices de custos de equipamentos de Marshall e Swift, os fatores de custos desenvolvidos por Peters e Timmerhaus, Bauman, Land e outros, que fornecem fatores ou porcentagens típicas para os diversos componentes de uma estimativa de custos de um projeto industrial, possibilitando o cálculo do investimento total em função de componentes conhecidos. Apresentamos, na tabela 2, os fatores de Bauman e um exemplo de sua aplicação para cálculo do investimento total, uma vez conhecido o custo de aquisição dos equipamentos ($ 100 mil).

Tabela 2

Porcentagens típicas do investimento de capital

Fatores de custos de Bauman			**Exemplo para custo de aquisição de equipamento igual a $ 100 mil**		
Componente	Variação (%)		Percentual adotado	Custo ($)	Percentual do total
Aquisição de equipamentos	15-40		25	100.000	22,9
Instalações de equipamentos	6-14		9	36.000	8,3
Instrumentação e controle (instalada)	2-8		7	28.000	6,4
Tubulação (instalada)	3-20		8	32.000	7,3
Elétrica (instalada)	2-10		5	20.000	4,6
Edifícios (incluindo serviços)	3-18		5	20.000	4,6
Melhorias de campo	2-5		2	8.000	1,8
Instalações de serviços (instalada)	8-20		15	60.000	13,8
Terreno	1-2		1	4.000	0,9
Engenharia e supervisão	4-21		10	40.000	9,2
Despesas de construção	4-16		12	48.000	11,0
Lucros dos contratados	2-6		2	8.000	1,8
Contingência	5-15		8	32.000	7,3
Total do investimento				**436.000**	**100**

Fonte: adaptada de Peters e Timmerhaus (1981:164-165).

Método da estimativa paramétrica (*parametric estimate method*)

Assim como a estimativa por analogia, a *estimativa paramétrica* é uma abordagem *top-down*, sendo, portanto, mais comumente usada nas fases iniciais do ciclo de vida do projeto, quando não possuímos informações ou dados suficientes para desenvolver uma estimativa detalhada. Possibilita a determinação de uma estimativa "preliminar", que servirá de base para as análises de viabilidade e seleção de projetos. A estimativa paramétrica é normalmente mais rápida de ser executada do que a estimativa detalhada, necessitando, para sua execução, de menor quantidade de mão de obra (homens-horas) e, consequentemente, com custo de execução menor que o da estimativa detalhada. Similarmente à estimativa por analogia, essas características fazem com que a estimativa paramétrica seja utilizada como verificação cruzada de outras técnicas mais detalhadas de estimativa de custos.

Estimativa paramétrica é o processo de estimar os custos utilizando equações ou modelos matemáticos (*cost estimating relationship*) para relacionar custos a uma ou mais variáveis ou características de desempenho ou físicas (parâmetros), tais como tamanho, volume, área, peso, potência, consumo de energia etc., associadas ao item que está sendo estimado. O *Guia PMBOK* (PMI, 2017) enfatiza que a modelagem paramétrica utiliza um relacionamento estatístico entre dados históricos e outras variáveis – como metros quadrados nos projetos de construção, pontos por função e linhas de programação em projetos de desenvolvimento de software – para calcular o custo do projeto que está sendo planejado.

Para exemplificar, podemos estimar o custo de um novo edifício multiplicando a quantidade de metros quadrados (área) por reais por metro quadrado (custo unitário). Nesse exemplo, para realizarmos uma estimativa "grosseira" (de baixa precisão) do custo do novo edifício, utilizamos como equação matemática a fórmula $y = ax$, um relacionamento linear onde y é o custo do novo edifício, x é a variável de entrada (área do edifício) e a é um parâmetro baseado em dados históricos, que relaciona a variável dependente (custo) com a variável independente (área). No modelo paramétrico do custo do novo edifício, utilizamos a equação da reta; na prática, podemos ter funções mais complexas, como as exponenciais, logarítmicas, potência etc. Os resultados obtidos por meio da modelagem *cost estimating relationship* (CER) usualmente são apresentados em formato tabular ou plotados graficamente (Stewart, Wyskida e Johannes, 1995).

Embora mais frequentemente utilizados nas fases iniciais do ciclo de vida do projeto, quando normalmente são disponibilizadas poucas informações, os modelos paramétricos são, por vezes, usados até mesmo durante as fases de detalhamento e execução dos projetos, em conjunto com a estimativa detalhada (*bottom-up*). As estimativas paramétricas de custos, conforme o *Guia PMBOK* (PMI, 2017), podem ser aplicadas para estimar um projeto como um todo, ou seus segmentos, em conjunto com outros métodos de estimativa, podendo produzir altos níveis de precisão, dependendo da sofisticação, dos dados básicos usados na construção do modelo paramétrico e da qualidade das informações históricas.

Para a construção do modelo paramétrico, precisamos coletar e organizar as informações históricas, pois o relacionamento entre variáveis independentes e o custo normalmente é baseado em dados históricos. No exemplo do projeto de um novo edifício, precisamos coletar e criar um banco de dados históricos do custo por metro quadrado de vários edifícios similares. A construção do modelo nos ajudará a determinar qual é o melhor relacionamento (*cost estimating relationship*) ou a equação matemática que representa os dados constantes em nosso banco de dados históricos. Para a obtenção desse modelo, utilizamos técnicas matemáticas e estatísticas para fornecer a relação analítica entre o produto, serviços ou resultado que está sendo estimado e suas características físicas. Uma técnica estatística muito usada na modelagem paramétrica para expressar o relacionamento entre duas variáveis e determinar qual equação matemática melhor se ajusta à amostra dos dados obtidos é a regressão linear. A curva de aprendizado também pode ser usada para calcular o custo unitário de unidades repetidamente produzidas. Em decorrência do fato de as estimativas paramétricas dependerem de equações estatísticas, elas também são chamadas de estimativa estatística (*statistical estimating*).

Método da estimativa detalhada (*detailed or bottom-up estimate method*)

O maior grau de precisão na elaboração de estimativas de custos é obtido por meio do método da *estimativa detalhada*. Conforme o *Guia PMBOK* (PMI, 2017), a estimativa detalhada, também chamada de *bottom-up*, é um modelo para estimar um componente de trabalho, pacotes individuais ou atividades com o maior nível de detalhes possível. O custo detalhado é então agregado para os níveis mais altos da EAP e utilizado para propósitos subsequentes de controle e reportação. O custo e a precisão da estimativa de custos detalhada são determinados pelo tamanho e complexidade do trabalho identificado nos níveis inferiores da EAP. Na versão em português do *Guia PMBOK* (PMI, 2017), a expressão *bottom-up* é adotada sem tradução. Esse termo quer dizer de baixo para cima, porque essa técnica requer que todos os custos (mão de obra, materiais, equipamentos, serviços, insumos etc.) sejam estimados nos componentes mais baixos (pacotes de trabalho) da EAP, agregando cada nível dela até chegar aos custos totais dos níveis mais altos e do projeto. O método de estimativa detalhada é caracterizado por uma análise profunda do escopo do projeto a partir da declaração do escopo, da estrutura analítica do projeto, com todas as fases do seu ciclo de vida. Esse método pressupõe soluções detalhadas por meio das quais as necessidades de recursos serão determinadas a partir de informações técnicas extraídas de especificações. Os custos dos recursos deverão ser definidos em valores monetários, obtidos por meio de informações históricas ou de propostas formais de fornecedores, que conferirão rastreabilidade, consistência e precisão aos valores estabelecidos.

As estimativas da mão de obra necessária para a realização de diversos pacotes de trabalho são determinadas a partir de estimativas de quantidade de serviços (homens-horas), que serão custeadas em tarifas correntes (custos unitários) da mão de obra. Complementando essas informações, também são necessários: estudos de alternativas, esboços, cálculos considerando os fatores de produtividade e níveis de habilidades da mão de obra, aprendizagem anterior, disponibilidade de materiais, métodos construtivos, condições ambientais e meteorológicas. Os levantamentos de campo são essenciais para minimizar erros nas estimativas de construção e montagem.

Portanto, o método da estimativa detalhada, quando comparado aos métodos das estimativas baseadas na opinião especializada, por analogia e paramétrica, requer maior prazo e custo para sua elaboração. Essa abordagem traz como benefícios o aumento do comprometimento, melhoria no moral da equipe, em função da necessidade de participação no processo de estimativa, e a facilidade de aplicação por meio de sistemas manuais ou informatizados.

A estimativa de custos da mão de obra é obtida por intermédio dos levantamentos das quantidades necessárias (homens-horas), das especialidades envolvidas nas diversas fases do ciclo de vida do projeto e da aplicação das tarifas básicas de mão de obra obtidas, por exemplo, a partir da média das tarifas de cada nível de especialização (exemplo: sênior) de uma categoria (exemplo: analista de sistemas) e da disciplina envolvida (exemplo: TI). Essas tarifas são normalmente obtidas por intermédio de registros em bancos de dados históricos de projetos similares anteriores ou da experiência pessoal dos membros da equipe do projeto. Salientamos que utilizamos o relacionamento de custo (CMB = Hh × TAR) exemplificado na tabela 1.

A estimativa de custos de materiais e equipamentos é obtida, de forma similar, pela multiplicação das quantidades estimadas, em termos de unidades (m, m^2, kg etc.) e seus custos unitários, obtidos, preferencialmente, por meio de cotações a fornecedores ou via banco de dados históricos de projetos similares.

A seguir, apresentaremos as principais técnicas e ferramentas (além do plano de contas, que já foi detalhado no capítulo 1) utilizadas na preparação da estimativa detalhada.

Técnicas para obter estimativas de mão de obra

As mais usadas em projetos são: a técnica de carregamento da mão de obra (*labor-loading*) ou alocação de pessoal (*staffing technique*), a técnica do grupo de recursos (*shop-loading technique*) e os manuais de estimativas (*estimating handbooks*), que apresentaremos a seguir:

- carregamento da mão de obra (*labor-loading*) ou alocação de pessoal (*staffing technique*) – Stewart, Wyskida e Johannes (1995) definem como o método mais simples e mais utilizado para estimar a mão de obra necessária para realizar um determinado trabalho ou esforço. Para entender a técnica, devemos relembrar o conceito de esforço (*effort*), que é o número de unidades de trabalho necessárias para realizar uma atividade. O *Guia PMBOK* (PMI, 2017:708) define esforço como a quantidade de unidades de mão de obra necessária para realizar uma atividade do cronograma ou um componente da estrutura analítica do projeto. Normalmente expresso em horas, dias ou semanas.

A técnica se baseia no fato de que um participante experiente ou o gerente pode estimar, por meio de julgamento e conhecimento do trabalho a ser realizado, o número de pessoas das várias disciplinas/categorias/níveis de especialização necessário para realizar o trabalho. A estimativa é normalmente expressa em termos de um número de pessoas para um determinado número de dias, semanas ou meses. A partir dessa alocação de pessoal, a estimativa da mão de obra pode ser calculada. Esse método, apresentado na tabela 3, é utilizado quando não temos disponibilidade do uso de outros métodos mais precisos de estimativa, por exemplo, os fatores de produtividade da mão de obra. Nesse exemplo, consideramos que cada período (mês) possui, em média, 168 horas trabalháveis, ou seja, um Hm (homem-mês) = 168 Hh (homens-horas);

Tabela 3

Técnica de carregamento da mão de obra ou de alocação de pessoal

Gerenciamento do projeto		Ano 1										Total	%
		1	2	3	4	5	6	7	8	9	10		
Gerenciamento do projeto	Hm	1,0	1,0	1,0	1,0	1,0	1,0	1,0	1,0	1,0	1,0	10,0	10,8
	Hh	168	168	168	168	168	168	168	168	168	168	1.680	
Coordenação de engenharia	Hm		1,0	1,0	1,0	1,0	1,0	1,0	1,0	1,0		8,0	8,6
	Hh	0	168	168	168	168	168	168	168	168	0	1.344	
Planejamento físico	Hm	2,0	2,0	3,0	3,0	3,0	3,0	3,0	3,0	2,0	2,0	26,0	28,0
	Hh	336	336	504	504	504	504	504	504	336	336	4.368	
Engenharia de custos	Hm	2,0	3,0	2,0	2,0	2,0	2,0	2,0	3,0	3,0	2,0	23,0	24,7
	Hh	336	504	336	336	336	336	336	504	504	336	3.864	
Controle da documentação	Hm	1,0	2,0	3,0	3,0	3,0	3,0	3,0	3,0	3,0	2,0	26,0	28,0
	Hh	168	336	504	504	504	504	504	504	504	336	4.368	
Alocação periódica	Hm	6,0	9,0	10,0	10,0	10,0	10,0	10,0	11,0	10,0	7,0	93,0	100
	Hh	1.008	1.512	1.680	1.680	1.680	1.680	1.680	1.848	1.680	1.176	15.624	

Fonte: adaptada de Stewart (1991:60).

- grupo (*pool*) de recursos (*shoploading*) – assumimos que certa proporção ou porcentagem de um determinado grupo de recursos será necessária para a realização de um trabalho, possibilitando o cálculo da mão de obra necessária em função das horas trabalháveis no período. A tabela 4 apresenta um exemplo de aplicação dessa técnica. Consideramos que cada período (mês) possui, em média, 168 horas trabalháveis, ou seja, 1 Hm = 168 Hh.

Tabela 4
Técnica do *pool* de recursos

***Pool* de recursos**		**Ano 1**						
		M1	**M2**	**M3**	**M4**	**M5**	**M6**	**Total**
Eletricistas (cinco trabalhadores)	%	10%	15%	50%	50%	5%	0%	15,3%
	Hh	84	126	420	420	42	0	1.092
Mecânicos (10 trabalhadores)	%	5%	5%	10%	80%	60%	10%	40,0%
	Hh	84	84	168	1.344	1.008	168	2.856
Pedreiros (10 trabalhadores)	%	0%	30%	40%	50%	50%	20%	44,7%
	Hh	0	504	672	840	840	336	3.192
Alocação periódica	Hh	168	714	1.260	2.604	1.890	504	7.140

Fonte: adaptada de Stewart (1991:60).

- manuais de estimativas (*estimating handbooks*) – são manuais, catálogos e livros de referência contendo informações sobre estimativas de mão de obra para determinadas disciplinas, sendo as mais comuns: engenharia, suprimento, construção, instalação e operação. O uso de manuais é um método amplamente utilizado e aceito para o desenvolvimento de estimativas de homens-horas;

Estimativas de materiais e de equipamentos

O primeiro passo das estimativas de materiais é o levantamento pelo qual eles são identificados e classificados conforme a EAP e por tipo, de acordo com padrões estabelecidos nas especificações técnicas. A forma mais precisa para estimar os quantitativos de materiais é levantar as quantidades após análise minuciosa do escopo do projeto, com base nas especificações técnicas do projeto, por exemplo, a partir de desenhos ou modelos (maquete eletrônica). Às quantidades levantadas devemos acrescentar as estimativas referentes às sobras e tolerâncias de perdas, quebras, cortes etc.

A precisão da estimativa está diretamente relacionada ao seu detalhamento, sendo que é prática usual a elaboração de vários levantamentos de materiais (*material take-off*) durante a fase de concepção, objetivando o refinamento das quantidades levantadas. Esse levantamento de materiais (*take-off*) resulta em listagens de materiais (*bill of material* – BOM) que são listas descritivas e qualitativas dos materiais, suprimentos, peças e componentes necessários para produzir um bem ou serviço – contendo código, especificação, unidade de medida e quantidade – que servirão de base para o processo de cotação de materiais, possibilitando a obtenção de custos unitários precisos.

Salientamos que os dados históricos e a análise de utilização de materiais são necessários para estimar com precisão as sobras e perdas, para que não ocorram erros significativos.

A listagem dos equipamentos, contendo seus códigos, especificações e quantidades, pode ser um dos itens mais importantes de uma estimativa de custos, visto que, conforme mencionamos, o custo de aquisição desses equipamentos pode corresponder a um percentual significativo do custo total do projeto. Não podemos esquecer que a listagem dos equipamentos é normalmente a referência para a estimativa de outros elementos de custos, como sobressalentes, transporte, seguro etc. Portanto, um erro na estimativa dos custos dos equipamentos pode causar um significativo desvio na estimativa final. Essa lista pode conter itens que são fabricados em grande escala, como bombas, painéis etc., e outros que serão fornecidos por encomenda, sendo projetados e fabricados para uma aplicação específica. Estes normalmente serão os equipamentos com os maiores custos e prazos de entrega.

Solicitação de propostas

O melhor método para obter estimativas de custos de materiais, equipamentos e serviços é a solicitação de propostas a fabricantes ou fornecedores, pois eles podem fornecer rapidamente estimativas precisas, em função do conhecimento que possuem de fornecimentos similares.

O convite para apresentação de preços para fornecimento de bens ou serviços pode ser verbal ou escrito. Quando escrito, o convite é normalmente realizado por meio de documentos como: solicitação de proposta (*request for proposal* – RFP), solicitação para cotação (*request for quotation* – RFQ), convite para licitação ou carta-convite (*invitation for bid* – IFB). Quando emitimos esses documentos com o objetivo exclusivo de obtenção de preços, para serem usados em estimativas de custos, é usual esclarecer ao proponente (fabricante ou fornecedor) o propósito da cotação. Tais procedimentos são apresentados, em detalhes, no livro *Gerenciamento de aquisições em projetos* (Xavier et al., 2007).

Stewart, Wyskida e Johannes (1995) sugerem que a solicitação de proposta seja emitida para, pelo menos, três fornecedores, pois isso proporciona uma boa verificação e ponderação, fornecendo preços e condições para comparação, avaliação e seleção. Uma boa solicitação de cotação (RFQ) é essencial; no entanto, para avaliar as propostas de forma eficaz e obter os valores de custos classificados corretamente, a solicitação de proposta deve conter as regras básicas, condições de fornecimento, especificações para o trabalho, instruções e formato exigido para as informações referentes a custos.

Custo unitário

O custo unitário dos recursos é o estabelecimento das taxas unitárias de uma determinada unidade de um recurso, com a finalidade de calcular o custo do projeto. No processo de planejamento dos recursos, a preocupação do gerente de projetos deve ser estabelecer a quantidade necessária de cada recurso para cada atividade. No processo de estimativa de custos deve-se, então, estabelecer o custo unitário de todos os recursos especificados para todas as atividades do projeto, como uma hora de trabalho de um engenheiro mecânico sênior, o custo de um metro quadrado da construção de edifícios etc.

A determinação do custo unitário possibilita a obtenção de estimativas de boa precisão em todas as fases do ciclo de vida do projeto.

O método é amplamente utilizado na construção civil, em que o custo unitário básico (CUB) representa o custo do metro quadrado da construção, calculado por meio de coeficientes estabelecidos pela NBR nº 12.721, da ABNT. Os custos unitários são obtidos a partir de pesquisas mensais realizadas pelo Sindicato da Indústria de Construção Civil (Sinduscon). Na construção civil, também é usado o custo unitário Pini de edificações, metodologia desenvolvida pela Pini – organização que é referência no setor –, para cálculo do custo do metro quadrado construído. No quadro 2 apresentamos exemplos de custos unitários.

Quadro 2
Situações de uso de custos unitários

Unidade	Situação de uso
Custo por metro	Tubulação, cabo, canalização.
Custo por metro quadrado	Edificação, alvenaria, pintura.
Custo por metro cúbico	Abastecimento de água, terraplenagem, concreto.
Custo por quilômetro	Estrada, linha de transmissão, rede de cabos.
Custo por tonelada	Cargas, estruturas metálicas.
Custo por hora	Mão de obra de engenheiros, analistas, pedreiros.
Custo por HP ou KW	Geração e fornecimento de energia.

Os custos de materiais como tubos, concreto, cabos etc. são obtidos por meio de levantamentos de quantidades de materiais (*take-offs*) e da aplicação dos custos unitários desses materiais. Devem ser levados em consideração os custos correspondentes ao frete, embalagem, armazenamento etc.

Considerando que os custos da mão de obra normalmente correspondem a um percentual significativo em um projeto, é de extrema importância sua determinação unitária. O custo unitário não deve considerar somente o salário-base do funcionário, estabelecido conforme acordos sindicais, mas também as contribuições obrigatórias, como os diversos encargos sociais, trabalhistas e indenizatórios impostos pela legislação e pelas convenções de trabalho. De acordo com Mattos (2006), o percentual de encargos sociais e trabalhistas a aplicar ao custo da mão de obra tem sido motivo de debate e de gritante discrepância entre empresas. Os valores dos encargos podem variar de empresa para empresa, de acordo com a habilidade, localização geográfica, datas do calendário e horas do dia ou da semana, para determinação das horas extras, taxas de transferência, taxas de periculosidade etc.

Os custos unitários de equipamentos devem representar o valor necessário para a aquisição, operação dos equipamentos, acrescidos de um valor para eventual substituição, em função da idade, tempo e condições de uso, obsolescência e desgaste, já que há uma diminuição no valor contábil do equipamento, chamada "depreciação". Os custos de aquisição devem incluir aqueles referentes a transporte, seguros, impostos, juros, embalagem, armazenamento. Os custos necessários para a operação devem contemplar combustíveis, óleo, graxa, manutenção, reparos etc.

Outro conceito muito utilizado é o da composição de custos ou composição analítica, que é o processo de estabelecimento dos custos incorridos para execução de um serviço ou atividade, individualizado por insumo e de acordo com certos requisitos preestabelecidos. A composição lista todos os insumos que entram na execução do serviço, com as respectivas quantidades, custos unitários e totais (Mattos, 2006).

A seguir, descreveremos um exemplo, apresentado por Mattos (2006), de uma composição de custos unitários para preparo, transporte, lançamento e adensamento de concreto estrutural. Nessa composição, apresentaremos todos os insumos que entram na execução de uma unidade de serviço, com seus respectivos custos unitários e totais. A planilha, conforme apresentada na tabela 5, é composta de cinco colunas:

- insumo: cada um dos itens de mão de obra, materiais e equipamentos que participam da composição direta do serviço ou produto;
- unidade: é a unidade de medida do insumo;
- índice: incidência ou participação de cada insumo na execução de uma unidade de serviço;
- custo unitário: custo de aquisição ou emprego de uma unidade do insumo;
- custo total: é o custo total do insumo na composição de custos unitários. É obtido pela multiplicação do índice pelo custo unitário. O somatório dessa coluna corresponde ao custo total unitário do serviço.

Tabela 5
Composição de custos unitários
(Quantidade (m³) = 1)

Insumo	Unidade	Índice	Custo unitário (R$)	Custo total (R$)
Cimento	Kg	306,00	0,36	110,16
Areia	m^3	0,901	35,00	31,54
Brita 1	m^3	0,209	52,00	10,87
Brita 2	m^3	0,627	52,00	32,60
Pedreiro	Hh	1,000	6,90	6,90
Servente	Hh	8,000	4,20	33,60
Betoneira	h	0,350	2,00	0,70
Total				**226,37**

Fonte: Mattos (2006:64).

Considerando exemplo uma obra de 80 m^3 de concreto estrutural, seu custo total será de R$ 18.109,60, ou seja, a quantidade (80 m^3) multiplicada pelo custo unitário da composição (R$ 226,37). Na tabela 6, apresentamos os quantitativos e custos de cada insumo da composição. Evidentemente, obtivemos o mesmo valor para o custo total da composição.

Tabela 6
Composição de custos unitários para uma obra de 80 m^3
(Quantidade (m^3) = 80)

Insumo	Unidade	Índice	Quantidade total por m^3	Custo unitário (R$)	Custo por m^3 (R$/$m^3$)	Custo total (R$)
Cimento	kg	306,00	24.480	0,36	110,16	8.812,80
Areia	m^3	0,901	72,08	35,00	31,54	2.522,80
Brita 1	m^3	0,209	16,72	52,00	10,87	869,44
Brita 2	m^3	0,627	50,16	52,00	32,60	2.608,32
Pedreiro	Hh	1,000	80,00	6,90	6,90	552,00
Servente	Hh	8,000	640,00	4,20	33,60	2.688,00
Betoneira	h	0,350	28,00	2,00	0,70	56,00
Total					**226,37**	**18.109,36**

Fonte: adaptada de Mattos (2006:65).

Custos indiretos

A conceituação dos custos indiretos (*overhead*) foi apresentada no capítulo 1 deste livro. Salientamos que especial atenção deve ser dada aos custos administrativos e tributários, pois usualmente representam um elevado percentual dos custos indiretos.

O percentual dos custos indiretos é obtido por meio da metodologia de custos definida pela organização executora do projeto. Pode ser, por exemplo, a divisão dos custos indiretos pelo total dos custos diretos (valores considerados no mesmo período). Segundo Stewart, Wyskida e Johannes (1995), a porcentagem dos custos indiretos pode variar entre 20% e 25% do custo total do investimento. Para Peters e Timmerhaus (2003), esse valor pode estar situado entre 15% e 30%.

Método da estimativa de três pontos (*three-point estimate*)

É uma técnica analítica que usa três estimativas de custos ou de duração para representar os cenários otimistas, mais prováveis e pessimistas. É aplicada para melhorar a precisão das estimativas de custos ou duração quando não há certeza em relação à atividade básica ou ao componente de custos.

Esse método pode utilizar tanto a distribuição beta, que se vale da média ponderada do PERT, apresentada detalhadamente no livro *Gerenciamento do tempo em projetos* (Barcaui et al., 2011), quanto a distribuição triangular, que considera a média aritmética dos três pontos, apresentada no livro *Gerenciamento de riscos em projetos* (Salles Jr. et al., 2010). Os custos baseados nessas equações fornecem mais precisão às estimativas de custos, sendo que os três pontos definem o intervalo de incerteza de cada elemento, possibilitando o cálculo do nível de confiança da estimativa. Apresentaremos um exemplo da aplicação desse método no tópico de "Análise de riscos e contingências". Para melhorar a qualidade dessa previsão, podemos incorporar técnicas de análise probabilística, tais como a estimativa de três pontos e sua variante mais conhecida – a técnica *program evaluation review technique* (PERT) –, além de simulações computadorizadas baseadas no método Monte Carlo.

O *Guia PMBOK* (PMI, 2017) menciona a estimativa de três pontos como um meio para aumentar a acurácia da estimativa de custos, considerando-se os riscos. Essa estimativa é resultante de cálculo de uma média simples (distribuição triangular) ou ponderada (distribuição beta ou PERT), incorporando cenários otimista, modal (ou mais provável) e pessimista (Barcaui et al., 2011). Assim, podemos derivar inúmeras variantes mudando o peso de cada um dos pontos para efeito de cálculo do custo esperado. A variante mais conhecida e utilizada consiste em atribuir um peso maior à moda (o que ocorreu mais vezes no passado) que aos extremos otimista e pessimista. Dessa forma, o custo esperado será:

$$Ce = \frac{O + 4m + p}{6}$$

$$\delta = \frac{p - O}{6}$$

onde:

- Ce = custo esperado;
- O = estimativa otimista;
- m = moda (ou estimativa mais provável);
- p = estimativa pessimista;
- δ = desvio padrão.

Para exemplificar, vamos analisar a tabela 7, que apresenta os custos estimados que são sujeitos a variação da duração das atividades do projeto.

O valor total desse projeto poderá variar de cerca de R$ 80 mil a R$ 118 mil. Temos 50% de chance de gastar R$ 94 mil, mas o orçamento determinístico seria R$ 92 mil.

Tabela 7

Exemplo de estimativa PERT para custo de projetos

		Duração				Custo unitário		Custo total estimado por atividade			
Atividades	Recursos	Otimista	Moda	Pessimista	Esperada	Fixo	Variável	Otimista	Moda	Pessimista	Esperada
a	5	1	3	9	3,67	R$ 450	R$ 550	R$ 1.000	R$ 2.100	R$ 5.400	R$ 2.467
b	4	2	5	16	6,33	R$ 2.800	R$ 440	R$ 3.680	R$ 5.000	R$ 9.840	R$ 5.587
c	5	1	3	5	3,00	R$ 150	R$ 550	R$ 700	R$ 1.800	R$ 2.900	R$ 1.800
d	2	0,5	4	11,5	4,67	R$ 3.920	R$ 220	R$ 4.030	R$ 4.800	R$ 6.450	R$ 4.947
e	3	2	8	10	7,33	R$ 29.360	R$ 330	R$ 30.020	R$ 32.000	R$ 32.660	R$ 31.780
f	2	1	2	3	2,00	R$ 560	R$ 220	R$ 780	R$ 1.000	R$ 1.220	R$ 1.000
g	4	1	4	11	4,67	R$ 1.040	R$ 440	R$ 1.480	R$ 2.800	R$ 5.880	R$ 3.093
h	3	1,5	2	2,5	2,00	R$ 6.340	R$ 330	R$ 6.835	R$ 7.000	R$ 7.165	R$ 7.000
i	5	1	5	17	6,33	R$ 1.250	R$ 550	R$ 1.800	R$ 4.000	R$ 10.600	R$ 4.733
j	3	1	3	5	3,00	R$ 29.010	R$ 330	R$ 29.340	R$ 30.000	R$ 30.660	R$ 30.000
k	4	1	3	11	4,00	R$ 180	R$ 440	R$ 620	R$ 1.500	R$ 5.020	R$ 1.940
								R$ 80.285	R$ 92.000	R$ 117.795	R$ 94.347

Figura 6
Distribuição triangular para estimativa PERT

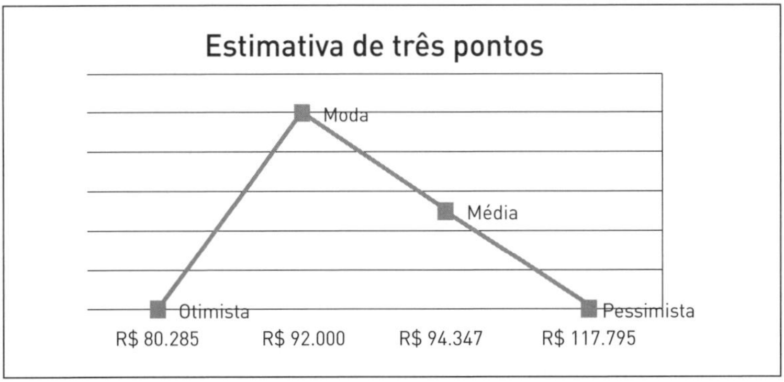

Como podemos observar nas figuras 6 e 7, a probabilidade de atingir a meta de custo estimada em valores mais prováveis (moda) é normalmente menor que o valor médio esperado; portanto, seria mais seguro estabelecer metas de custo adicionando margem (medidas em desvios padrões) ao valor médio esperado para aumentar o nível de confiança na estimativa.

Figura 7
Distribuição triangular para estimativa PERT

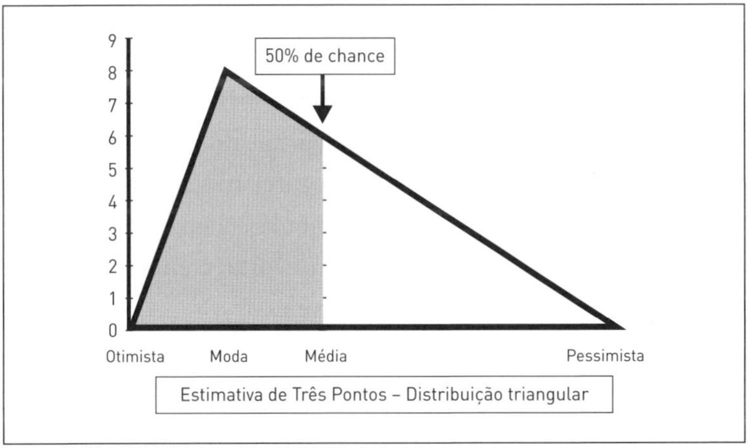

Simulação de Monte Carlo

A estimativa do intervalo (*range estimating*) é uma técnica em que podemos utilizar abordagens simplistas a partir de custos sumarizados em um determinado nível da EAP (por exemplo, custos da construção civil da unidade/área/prédio X) ou abordagens mais refinadas, que focam os custos dos elementos críticos que compõem o custo total do projeto. Cada elemento de custo do modelo é avaliado pela equipe, o intervalo e a distribuição de probabilidade são estabelecidos e utilizados como entrada para a simulação de Monte Carlo ou similar. Para isso, emprega-se o método da estimativa de três pontos que, conforme apresentado, utiliza a distribuição triangular ou beta e três estimativas de custos para representar os cenários otimistas, mais prováveis (moda) e pessimistas.

Para exemplificar, apresentamos a estimativa de custos de um projeto de fornecimento de equipamentos e materiais cujo escopo inclui a complementação da engenharia de detalhamento. Os esforços de mão de obra foram estimados, pelos especialistas das diversas disciplinas de engenharia (mecânica, tubulação, elétrica etc.), em 35.899 Hh. O especialista de suprimento estimou 87.029 Hh para a execução dos serviços de aquisição, diligenciamento, inspeção e transporte de equipamentos e materiais. Os custos unitários das categorias profissionais necessárias para a realização dos serviços de engenharia de detalhamento e de suprimento foram obtidos por meio das médias salariais de cada categoria utilizada na composição de custos (engenheiro sênior de tubulação, engenheiro júnior de tubulação, engenheiro sênior de mecânica, comprador sênior, diligenciador pleno, inspetor sênior etc.).

Os custos de equipamentos (bombas, compressores etc.) e de materiais (tubulações, cabos etc.) foram obtidos por meio de cotações formais a fornecedores (RFQ). Foram consultados, no mínimo, três fornecedores para cada pacote de suprimento, sendo que na estimativa foram utilizadas as médias aritméticas dos valores apresentados. Utilizamos esses dados para preencher as colunas de quantidades e custos mais prováveis da tabela 8.

A partir dessa estimativa, iniciamos a elaboração da análise de riscos de custos, usando o método da simulação de Monte Carlo. Escolhemos, como distribuição de probabilidades, a distribuição triangular, em função de sua simplicidade (uma distribuição de três pontos que inicia no valor zero, vai crescendo até atingir um valor de pico e depois cai, retornando ao valor zero, simplificando o modelo matemático).

Por meio de reuniões específicas com os especialistas de cada disciplina (opinião especializada), verificamos o nível de confiança das estimativas apresentadas (quantidades e custos unitários), obtendo os valores otimistas e pessimistas. Observem que, nesse exemplo, consideramos os valores mais prováveis iguais aos valores obtidos na estimativa de custo do projeto. Após a realização das reuniões seletivas com os especialistas, realizamos uma nova reunião com a participação de todos. Utilizamos, nessa reunião, a técnica do *brainstorming*, objetivando a integração, troca de conhecimentos, análise das interfaces entre as disciplinas, alinhamento e validação das incertezas consideradas anteriormente. De posse desses dados, preenchemos os campos otimistas e pessimistas da tabela 8.

Após a avaliação dos dados da tabela 8, iniciamos o processo da simulação de Monte Carlo, optando pela realização de mil cenários, e obtivemos os resultados apresentados na figura 8, em que o valor esperado da distribuição (média) é igual a R$ 22.288.880,58, com um nível de confiança de 51,20% (figura 9) de que os custos não ultrapassarão tal valor.

Tabela 8
Estimativa de custos: projeto de fornecimento

Estrutura de custos		Quantidade			Custo unitário (R$)			Custo total (R$) mais provável
		Otimista	Mais provável	Pessimista	Otimista	Mais provável	Pessimista	
1	**Projeto de fornecimento**							**21.465.525,50**
1.1	**Engenharia**							**9.811.300,00**
1.1.1	Engenharia de detalhamento	34.090	35.900	41.270	69,00	77,00	84,00	2.764.300,00
1.1.2	Engenharia de suprimento	83.400	87.000	94.400	75,00	81,00	87,00	7.047.000,00
1.2	**Suprimento**							**11.654.225,50**
1.2.1	***Equipamentos***							***2.686.798,00***
1.2.1.1	Bomba hidráulica	58	58	58	37.539,00	44.801,00	51.863,00	2.598.458,00
1.2.1.2	Manômetros	85	94	105	405,00	435,00	480,00	40.890,00
1.2.1.3	Compressores portáteis	2	2	2	19.884,00	23.725,00	28.778,00	47.450,00
1.2.2	***Materais***							***8.967.427,50***
1.2.2.1	Tubulação de ferro fundido	17.075	18.970	24.665	65,00	66,00	70,00	1.252.020,00
1.2.2.2	Tubulação de aço carbono	7.960	9.370	12.180	230,00	233,50	245,00	2.187.895,00
1.2.2.3	Tubulação de aço inox	1.970	2.188	2.625	99,00	100,00	106,00	218.800,00
1.2.2.4	Cabos de cobre	1.050.077	1.166.750	1.516.780	4,40	4,55	4,80	5.308.712,50

Figura 8
Curva de distribuição acumulada dos custos

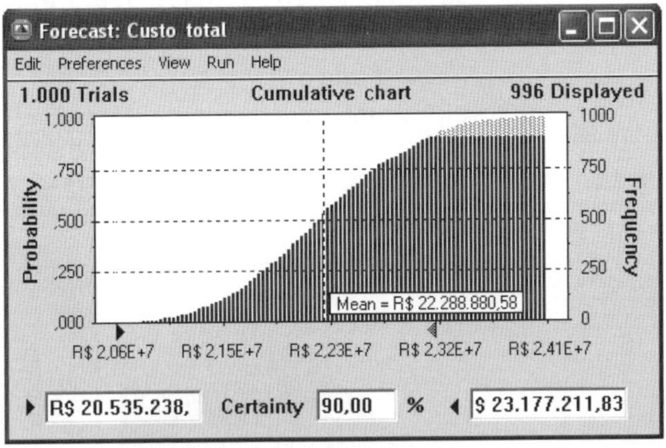

Caso a decisão da alta administração seja para operar com um nível de confiança de 90%, o custo total do projeto deverá ser igual a R$ 23.174.016,52 (tabela 9), significando que será necessária uma reserva de contingência de R$ 1.708.491,02 (7,9%) para trabalhar com esse nível de confiança.

Tabela 9
Percentil dos custos acumulados

Percentil	Valor (R$)
0	20.277.827,57
10	21.460.942,36
20	21.723.494,63
30	21.936.271,72
40	22.111.138,05
50	22.274.448,30
60	22.431.382,25
70	22.623.551,24
80	22.884.702,18
90	23.174.016,52
100	24.085.206,20

A estimativa original (R$ 21.465.525,30), em função das incertezas apontadas pelos especialistas, apresenta um nível de confiança de apenas 9,9% do custo total do projeto (veja a figura 10).

Figura 9
Nível de confiança da média

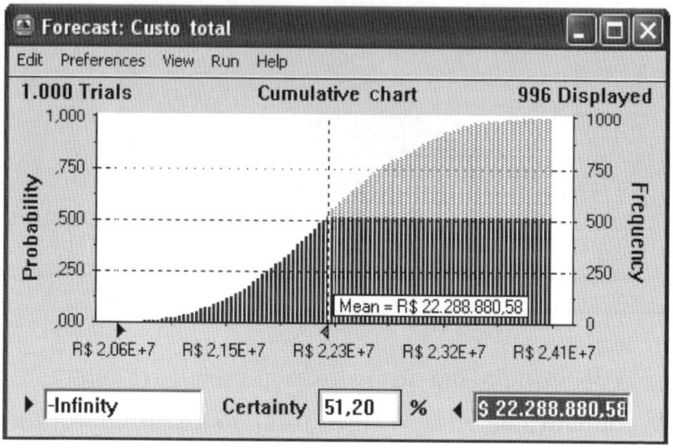

Figura 10
Nível de confiança da estimativa original

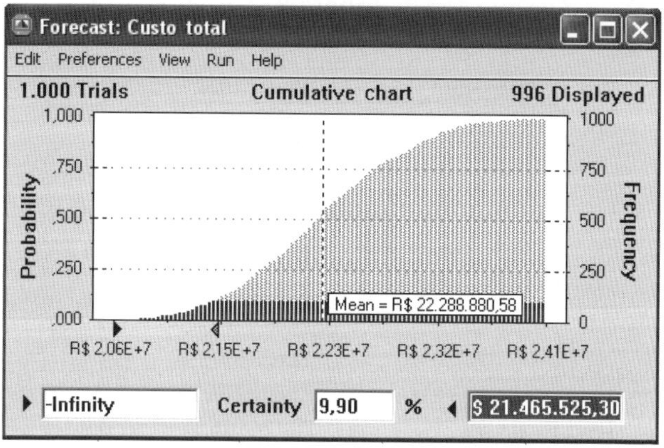

* * *

Neste capítulo, discutimos diversos métodos para estimativas de custos, que, dependendo da área de aplicação, podem variar. Associamos as estimativas a outras áreas de conhecimento, como escopo, tempo, riscos e aquisições.

No próximo capítulo, iremos entender como as estimativas podem variar e ser refinadas enquanto o projeto prossegue em seu ciclo de vida, de modo que tanto a qualidade quanto a precisão das estimativas podem ser continuamente melhoradas à medida que mais detalhes e informações se tornam disponíveis. Veremos como um orçamento é elaborado para que se torne uma base para o controle de custos de todo o projeto.

3
Determinação do orçamento

Neste capítulo, abordaremos como a confiabilidade das estimativas pode interferir na elaboração do orçamento de um projeto. Entenderemos como adotar técnicas mais apropriadas para cada etapa do seu ciclo de vida, como em fases iniciais de escolha e estudo de viabilidade do projeto, na fase de planejamento, no decorrer da execução, quando muitas vezes acontecem mudanças que exigem novas estimativas de custos ou até mesmo em casos nos quais toda a estimativa precisa ser refeita. Veremos como a classificação das estimativas nos ajuda a escolher que método utilizar, de acordo com cada situação. Discutiremos a importância da linha de base de custos do projeto e sua influência no controle de custos. O orçamento será apresentado conceitualmente e em diversos formatos e entenderemos quando utilizar cada um deles e como seus valores são distribuídos.

Grau de precisão das estimativas de custos

As estimativas de custos têm propósitos diferentes, também relacionados ao nível de definição do projeto e que normalmente recebem o nome da fase em que se encontram. Esses propósitos variam desde estudos de viabilidade, concepção ou anteprojeto, quando existe pouca disponibilidade de informações, até os propósitos para execução e controle, realizados próximos ao final do projeto. Como exemplo, as organizações envolvidas com engenharia de custos, como The Association for the Advancement of Cost Engineering International (AACEI), International Cost Engineering Council (ICEC), Association of Cost Engineers (ACostE) e Instituto Brasileiro de Engenharia de Custos (Ibec), estabelecem diversos tipos de estimativas, com vários propósitos e cujos graus de precisão variam conforme a fase do ciclo de vida do projeto. Como ilustração, apresentaremos os tipos de estimativas do ICEC e da AACEI, sendo os tipos desta última apresentados mais detalhadamente.

O grau de precisão ou variação esperado de uma estimativa de custos é uma indicação de quanto o resultado do custo final do projeto pode variar em relação a seu custo estimado. É expresso como uma variação percentual (± %) em torno do valor estimado, após a aplicação da reserva de contingência, com um determinado nível de confiança de que o custo real estará compreendido nesse intervalo.

Segundo a AACEI (1997), em sua Prática 17R-97, o grau de precisão depende, principalmente, da quantidade e qualidade dos dados disponíveis e da metodologia utilizada na elaboração da estimativa. O grau de definição está diretamente relacionado ao nível de definição do projeto, o qual é mensurado por meio da porcentagem de conclusão ou progresso físico – à medida que o projeto progride no seu ciclo de vida, seu nível de definição aumenta e o intervalo de variação se torna mais estreito, ou seja, o grau de precisão do projeto tende a melhorar. Por exemplo, no início do ciclo de vida do projeto (figura 11), elaboramos uma estimativa de ordem de magnitude (*rough order of magnitude* – ROM) com variação de –25% a +75%. Posteriormente, conforme mais informações são conhecidas, essa estimativa pode estreitar para uma faixa de –3% a +5%.

Figura 11
Grau de precisão das estimativas de custos

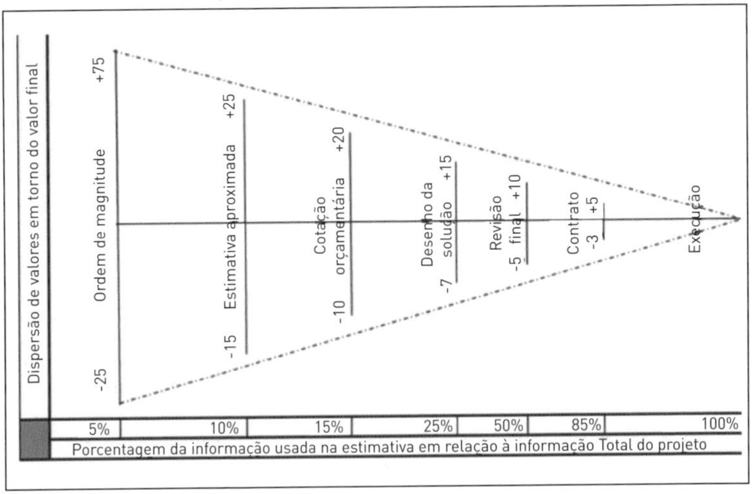

Fonte: adaptada de Dias (2005a).

Concluímos que a variação da precisão é uma previsão dos custos (mínimo e máximo) esperados em relação ao custo estimado, representando a probabilidade de o custo real se situar em um intervalo expresso do custo estimado, por exemplo, ± 5%. Esse índice pode ser considerado um indicador de qualidade que medirá a eficiência do orçamento do projeto.

Classificação das estimativas de custos

Objetivando a elaboração de estimativas precisas de custos, devemos classificar os diferentes tipos de estimativas e estabelecer a documentação necessária para a elaboração de cada classe, a fim de que seja possível a criação de um banco de dados históricos que possibilite a comparação dos diversos projetos da empresa.

A metodologia de execução das estimativas de custos progride de métodos estocásticos para determinísticos, sendo que podemos usar em uma mesma classe de estimativa diversos métodos de execução, conforme veremos adiante.

A AACEI, por meio das práticas 17R-97 (1997) e 19R-97 (1998), divide as estimativas de custos em cinco classes, usando como principal critério de classificação o grau de definição do projeto ou o progresso físico realizado. Essas cinco classes foram criadas por meio de *benchmarking* das práticas de diversas indústrias, sendo rotuladas de 1, 2, 3, 4 e 5.

A estimativa de classe 5 é baseada no menor nível de definição do projeto e a de classe 1 é próxima à sua definição mais completa. Essa abordagem de contagem decrescente considera que se trata de um processo por meio do qual estimativas sucessivas são preparadas até que uma estimativa final o encerre. O quadro 3 apresenta essas classes de estimativas, conforme Prática 18R-97 – Sistema de classificação de estimativas de custos (AACEI, 2005), como aplicado em engenharia, suprimento e construção para indústrias de processo.

Quadro 3

Matriz de precisão das estimativas de custos

	Característica primária	**Características secundárias**		
Classes de estimativas	**Nível de definição do projeto**	**Finalidade**	**Metodologia**	**Grau de precisão**
	em % de definição realizado	Propósito da estimativa	Método de estimativa	Variação típica nas faixas de mínimo e máximo
Classe 5	0% a 2%	Seleção da concepção ou seleção de projetos	Índices de capacidade, modelos paramétricos, julgamento ou analogia	Mín.: -20% a -50% Máx.: +30% a +100%
Classe 4	1% a 15%	Estudo ou viabilidade	Fatores de equipamentos ou modelos paramétricos	Mín.: -15% a -30% Máx.: +20% a +50%
Classe 3	10% a 40%	Orçamento, autorização ou controle	Custos unitários semidetalhados com itens de montagem	Mín.: -10% a -20% Máx.: +10% a +30%
Classe 2	30% a 70%	Controle ou licitação / proposta	Custos unitários detalhados com levantamento detalhado de materiais (imposto)	Mín.: -5% a -15% Máx.: +5% a +20%
Classe 1	50% a 100%	Verificação da estimativa ou licitação / proposta	Custos detalhados com levantamento detalhado de materiais	Mín.: -3% a -10% Máx.: +3% a +15%

Fonte: AACEI. Prática 18R-97 (2005).

A seguir, apresentaremos, como exemplo, a metodologia usada para elaboração da estimativa de classe 3.

Estimativas de classe 3 (estimativa orçamentária)

As estimativas de classe 3 são elaboradas com o nível de definição do projeto ou progresso físico da fase de engenharia entre 10% e 40%, devendo considerar, no mínimo, os seguintes documentos: diagramas de processo, diagramas de utilidades, diagramas preliminares de tubulação e de instrumentação, planta-chave, desenhos de *layouts* e uma lista completa de equipamentos de processo e de utilidades. Em função dessa disponibilidade de informações técnicas, essas estimativas possuem uma variação de precisão (–10% a –20% no lado baixo e +10% a +30% no lado alto), dependendo da complexidade da tecnologia, das informações de referência apropriadas e da inclusão de uma apropriada reserva de contingência.

São geralmente preparadas para formar a base para autorização do orçamento, apropriação e/ou financiamento. São preparadas para custear as solicitações de financiamento de todo o projeto e se tornam a primeira "estimativa de controle". Com base nelas, todos os custos e recursos reais serão monitorados e controlados, sendo tais estimativas utilizadas como o orçamento do projeto até serem substituídas por outras mais detalhadas. Em muitas organizações, uma estimativa de classe 3 pode ser a última estimativa requerida e pode constituir a única base para controle de custo/programação.

Essa classe de estimativa utiliza mais os métodos determinísticos do que os estocásticos. Normalmente envolve um alto grau de itens de custo unitário, embora estes possam estar em um nível de detalhe de conjunto em lugar de componentes individuais. A fatoração e outros métodos estocásticos podem ser usados para estimar áreas menos importantes do projeto.

A estimativa de classe 3 também é conhecida como: orçamentária, escopo, aprovação, autorização, semidetalhada, controle preliminar, desenvolvimento, estimativa da fase de engenharia básica ou estimativa-alvo.

Na figura 12, apresentamos a variação da precisão esperada de cada classe de estimativa da AACEI.

Figura 12

Variação da precisão por classe de estimativa

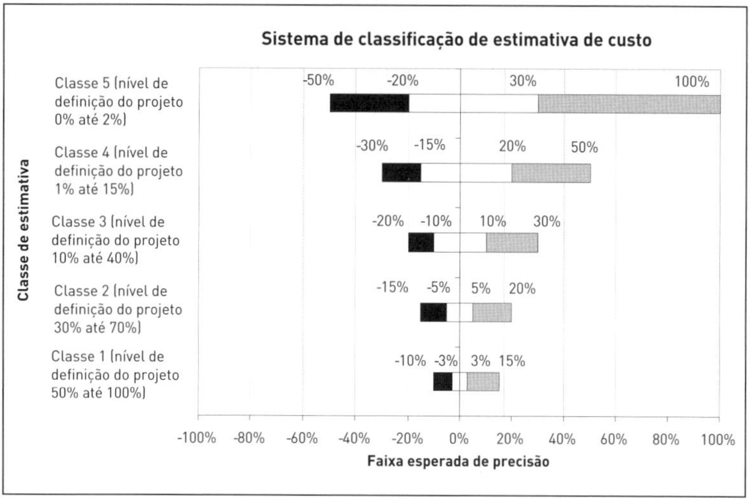

Fonte: AACEI. Prática 18R-97 (2005).

O processo de determinação dos orçamentos

Como vimos nos capítulos anteriores, projetos usam recursos que, de um lado, agregam custos aos pacotes de trabalho, às entregas e ao projeto; de outro, geram saídas de caixa que precisam ser financiadas.

Embora, segundo o *Guia PMBOK* (2017), haja uma distinção entre os atos de estimar e de determinar o orçamento em função de uso de ferramentas e técnicas distintas, o próprio guia admite que, em alguns projetos, especialmente nos que apresentam menor escopo, a estimativa de custos e a elaboração de orçamentos estão ligadas de forma tão estreita que são consideradas um único processo, que pode ser realizado por uma única pessoa durante um período relativamente curto.

Em português, usamos o verbo "orçar", que significa calcular, estimar ou fazer orçamento do preço ou do valor de algo. Portanto, a mesma pessoa que elabora as estimativas determina também o orçamento.

O método de elaboração de orçamento usa a projeção dos recursos monetários necessários à realização dos serviços, à entrega de produtos e resultados que constituem um projeto, de acordo com requisitos, restrições e cronograma previamente estabelecidos.

No orçamento, os custos estimados deverão ser agrupados de forma a explicitar, da melhor maneira possível, o custo total do projeto e sua apropriação no eixo de tempo. Para tanto, o custo total deverá ser subdividido em seus principais componentes, alocados nas atividades ou pacotes de trabalho, contas de controle, elementos do plano de contas e produtos intermediários (as entregas do projeto), ao longo do cronograma. Dessa forma, será possível definir uma referência que sirva para acompanhar o desenvolvimento do projeto.

Nesse processo, as informações importantes contidas na declaração do escopo do projeto são as possíveis restrições aos recursos financeiros, que podem ter causas internas (política de endividamento da organização) ou externas (limitações impostas por agências governamentais).

O cronograma do projeto, com a indicação do início e término das atividades planejadas e dos marcos contratuais, é um importante instrumento para o agrupamento dos custos, e todos os contratos relacionados ao projeto são fontes de referência para a preparação do orçamento.

Outro critério de agregação são elementos de custos (contas contábeis de despesas e centros de custo), que dependem da estrutura da contabilidade da organização executora. Esta pode ser, por exemplo, um consórcio – associação temporária de empresas, normalmente concorrentes, que, sem perder sua personalidade jurídica, se organizam para obter o contrato de um determinado empreendimento, geralmente de grande vulto ou de custo muito elevado, exigindo, para sua execução, conhecimento técnico especializado e instrumental técnico de alto padrão.

O orçamento total de um projeto, na visão da organização executora, inclui as reservas gerenciais (*management reserves*) e de contingências (*contingency reserves*). As reservas representam os fundos destinados a responder aos riscos (ameaças ou oportunidades) que podem interferir no atingimento dos objetivos do projeto.

As reservas gerenciais são destinadas a cobrir os riscos desconhecidos (*unknown-unkowns*). Normalmente, não são calculadas, e sua definição se dá por meio de políticas da organização baseadas em dados históricos. Não são representadas por atividades pré-programadas e, por isso, não são distribuídas em escala de tempo; consequentemente não fazem parte da linha de base ou de referência de custos. Mesmo assim, devem fazer parte do orçamento total do projeto, já que podem ser necessárias caso riscos não planejados surjam durante seu ciclo de vida. Por esses motivos, as reservas gerenciais não estão na alçada do gerente do projeto, mas sim do de um representante da alta administração, por exemplo, o patrocinador do projeto (*sponsor*). Quando usadas, as reservas gerenciais são incorporadas à nova linha de base ou de referência de custos, a ser utilizada para controle de custos do projeto, mediante aprovação.

Já as reservas de contingência são utilizadas para respostas aos riscos identificados e planejados. Elas são calculadas por meio do valor monetário esperado, da árvore de decisão e da simulação. Ou ainda, os custos das reservas de contingência podem também ser provisionados pelos custos das atividades que representam as respostas definidas, que poderão ser realizadas ou não, dependendo da ocorrência do risco.

As reservas de contingência são planejadas pelo gerente do projeto, junto com os especialistas, e estão em sua alçada. Elas são controladas pelo gerente, que possui autoridade para usá-las quando qualquer risco identificado ocorrer, ou seu uso pode ser delegado ao dono do risco (*risk owner*). Fazem parte da linha de base ou de referência de custos e, consequentemente, do orçamento total do projeto.

O *Guia PMBOK* (PMI, 2017), como demonstrado na figura 13, recomenda que a reserva de contingência seja incorporada às contas de controle.

Figura 13

Componentes do orçamento do projeto

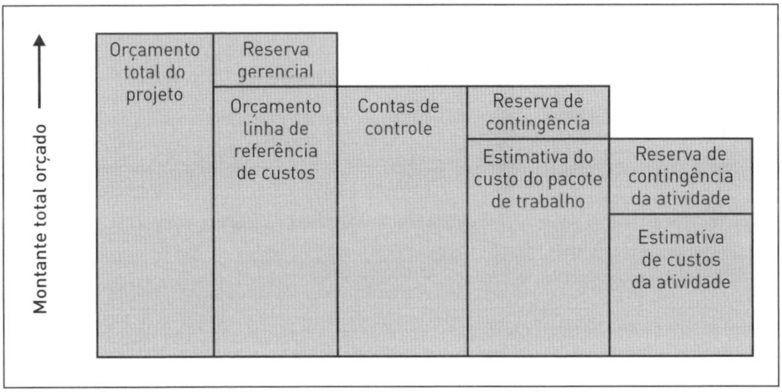

Fonte: PMI (2017:291).

No entanto, recomendamos os seguintes passos para formar a linha de base ou de referência de custos, como apresentado nas figuras 14 e 15:

- estimar os custos diretos das atividades e dos pacotes de trabalho após a definição do escopo e elaboração do cronograma, pois ambos influenciam a definição de recursos a serem usados na sua realização;
- agregar os custos dos pacotes de trabalho à conta de controle correspondente;
- agregar as contas de controle, o que, no gerenciamento do valor agregado, é chamado de orçamento no término (ONT) – que será explicado no capítulo 4 – e somar os custos indiretos;
- somar as reservas de contingência.

Figura 14
Orçamento de custos

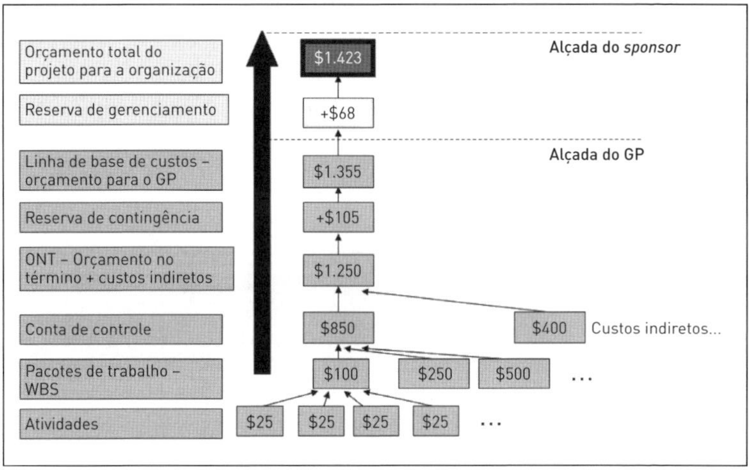

Fonte: adaptada de Malcuhy (2009).

Figura 15
Componentes do orçamento total do projeto com reservas gerenciais e de contingência

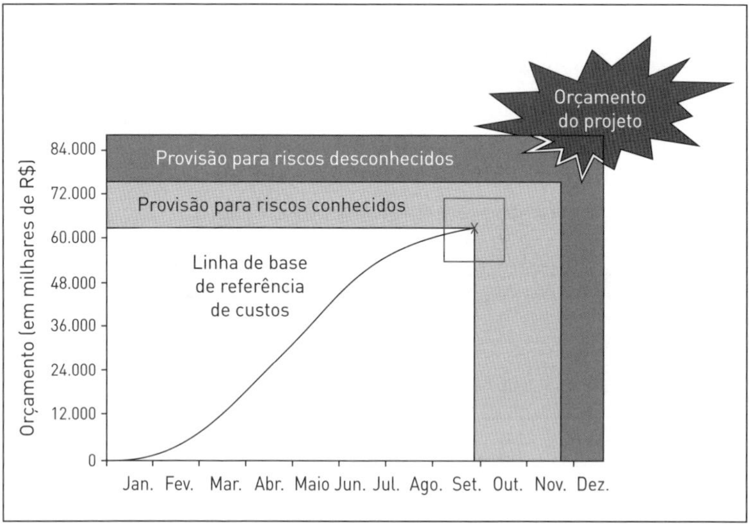

Fonte: adaptada de Jonas e Bone (2002).

Em algumas metodologias, como o *projects in controlled environment* (Prince2), podem existir orçamentos específicos para mudança de escopo (*change budget)* quando os requisitos do projeto não estão estáveis e, portanto, o escopo não pode ser "congelado" numa linha de base previamente acordada. O Prince2 também prevê níveis de tolerância (uma espécie de reserva administrativa) que poderão ser estabelecidos tanto no pacote de trabalho, estágios (ou seja, fases do projeto) quanto no projeto propriamente dito. Cada uma dessas tolerâncias é negociada com o nível hierárquico acima. No caso, gerentes de equipes negociam as tolerâncias do pacote de trabalho com o gerente do projeto que, por sua vez, negocia as tolerâncias dos estágios com o nível executivo. Finalmente, o executivo (patrocinador) do projeto negocia a tolerância do projeto com a corporação ou direção do programa a que o projeto pertence.

É necessário verificar se os desembolsos programados estão de acordo com os limites de financiamento impostos pelos financiadores do projeto (figura 16). Se necessário, o cronograma do projeto deve ser ajustado para conciliar as despesas com os fluxos de caixa e de recursos.

Figura 16
Fluxo de caixa, linha de base de custos ou orçamento-base e financiamento

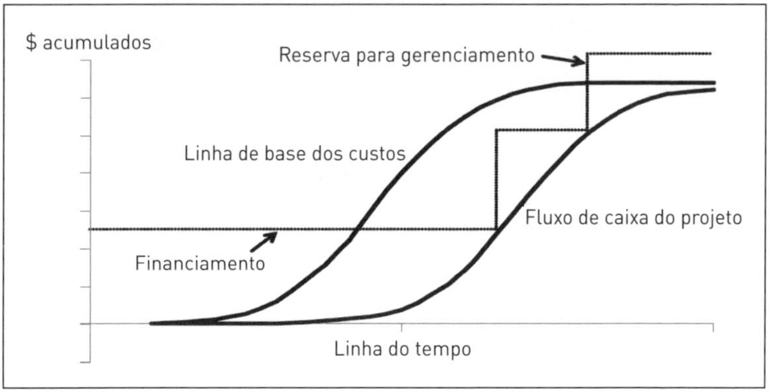

Fonte: *Guia PMBOK* (PMI, 2017).

A linha de base ou de referência de custos, ou orçamento-base, é o orçamento do projeto dividido em fases, e servirá como uma referência para o monitoramento da evolução dos desembolsos (medição e controle dos custos). Ela integra o plano de gerenciamento do projeto e é construída a partir do somatório dos custos estimados ao longo do tempo. Na maioria dos casos, a linha de base tem a forma de uma curva "S", como na figura 16, pois, no início e no fim do projeto, os custos são menores do que na fase intermediária, quando mais recursos são utilizados para a execução das atividades. A linha de base de custos é utilizada para medir e prever o desempenho do projeto, calculando quanto ele gastará em unidade monetária e em qual pacote de trabalho.

É comum que um projeto tenha mais de uma linha de base de custos ou orçamento-base, especialmente os de grande porte, para facilitar o monitoramento de seu desempenho nos diferentes aspectos (por exemplo, acompanhar a evolução dos custos internos com mão de obra própria e dos custos externos com despesas com terceiros).

A necessidade de financiamento pode ser definida em função do orçamento-base e do fluxo de caixa esperado do projeto, dependendo da política de endividamento da organização. Normalmente, as parcelas do financiamento são liberadas em etapas, vinculadas à realização dos componentes da EAP, como representado na figura 16. É comum prevermos uma margem de segurança para o caso de uma aceleração no cronograma ou de um aumento nos gastos. O montante de recursos necessários engloba o orçamento-base mais a reserva de contingência. Essa reserva pode ser incluída gradualmente em cada etapa de financiamento ou financiada quando necessário.

Conforme o *Guia PMBOK* (PMI, 2017), as linhas de base de custos e do fluxo de caixa aumentam quando uma parte da reserva gerencial é autorizada e, então, consumida. Uma defasagem, ao final do projeto, entre a linha de base de custos e os valores de fluxo de caixa pode indicar a quantidade de reserva gerencial que não foi utilizada.

Quando houver mudanças no projeto, elas deverão ser aprovadas e, se necessário, o orçamento deverá ser atualizado, gerando uma nova linha de base que será utilizada no controle do projeto.

Métodos de determinação e tipos de orçamentos

Uma vez estimados os custos, devemos proceder à elaboração dos orçamentos analítico e sintético propriamente ditos.

O orçamento analítico provê todos os detalhes, tanto no nível de elementos de custos quanto no nível de pacotes de trabalho ou atividades, enquanto orçamento sintético é sumarizado por entregas principais, fases ou elementos significativos de custo.

Existem vários métodos de determinação de orçamentos, que, em geral, consistem em agregar as estimativas de custos no eixo de tempo, de acordo com períodos de controle. Essa agregação pode ser:

- baseada no custo dos recursos, calculado por meio do custo unitário;
- baseada nos requisitos de acurácia e precisão de estimativas – ao longo do ciclo de vida do planejamento do projeto, em grandes projetos de capital (projetos de infraestrutura ou instalação de unidades fabris de grande vulto), costumam-se elaborar diferentes orçamentos que variam, em termos de grau de precisão, por exemplo, nas fases do estudo de viabilidade (com base nas estimativas por analogia), do projeto conceitual (estimativas por analogia ou paramétricas), de engenharia básica e de engenharia detalhada (usando estimativas *bottom-up* ou definitivas). Cada um desses orçamentos terá um grau de precisão diferente no momento posterior de execução, monitoramento e controle.

Planilha de serviços e quantidades/orçamento analítico

A seguir, demonstramos como se elabora um orçamento analítico por meio de exemplo de um projeto de desenvolvimento de sistemas de tecnologia da informação (TI).

Com a listagem dos serviços a serem executados, os recursos necessários e seus respectivos quantitativos, deve-se preencher a planilha de serviços e quantidades, podendo ser utilizado o modelo apresentado no quadro 4.

Quadro 4
Planilha de serviços e quantidades

Início	Recurso	Atividade[a]	Prazos	Mão de obra (R$)	HW/SW (R$)	Insumos (R$)	Terceiros (R$)	Total (R$)
A	**João**	**Levantar os requisitos**	**3**	**1.200**		**500**	**600**	**2.300**
B	**João**	**Analisar os requisitos**	**5**	**2.000**		**2.000**	**1.000**	**5.000**
C	**Aldo**	**Desenhar a solução**	**3**	**1.230**		**200**	**800**	**2.230**
D	**Maria**	**Escolher e comprar o sw[b]**	**4**	**2.000**	**24.000**	**1.000**	**1.800**	**28.800**
E	**José**	**Customizar o sw**	**8**	**8.000**	**96.000**	**15.000**	**10.000**	**129.000**
F	**Angela**	**Validar o desenho**	**2**	**1.200**		**200,00**	**200**	**1.600**
G	João	Treinar os usuários	4	1.600		2.000	300	3.900
H	José	Receber e preparar o hw[c]	2	2.000	80.000	3.000	2.000	87.000
I	João	Homologar a solução	5	2.000		1.000	1.000	4.000
J	Fuad	Migrar os dados	3	4.800		10.000	15.000	29.800
K	André	Dar suporte à produção	3	5.070		800	500	6.370
Totais		**Total do prazo CPM**	**23**	**31.100**	**200.000**	**35.700**	**33.200**	**300.000**

(a) Atividades em negrito estão no caminho crítico do projeto (Barcaui et al., 2011).
(b) Software ou programas utilizados em um computador.
(c) Hardware ou componentes de um computador.

Planilha de resumo do orçamento/orçamento sintético

Concluído o orçamento analítico, representado pela planilha de serviços e quantidades, deverá ser elaborada a planilha de resumo do orçamento, ou seja, o orçamento sintético, consolidando-se os itens de serviço de mesma classificação de elementos de custos em termos de contas contábeis. Pode-se adotar o modelo apresentado no quadro 5.

Quadro 5

Planilha de resumo do orçamento

Conta contábil (ou elemento do plano de contas)	Total (R$)
Mão de obra	31.100
Hw	80.000
Sw	120.000
Insumos	35.700
Terceiros	33.200
Total	300.000

Vale observar que o hardware (Hw) normalmente é contabilizado como investimento em ativo fixo e não um custo. Porém, quando compramos um servidor para incorporá-lo a uma solução para um cliente externo, o ativo em questão não é classificado como imobilizado, dado que a ideia é entregá-lo ao beneficiário, que é o cliente, e não ficar com ele para uso próprio no longo prazo.

Planilha de orçamento por entregas ou orçamento por nível de composição

Para ilustrar um orçamento por entrega, suponhamos que temos de desenvolver outro projeto para implantação de um sistema de *enterprise resource planning* (ERP), também chamado, no Brasil, de sistemas integrados de gestão empresarial (quadro 6).

No quadro 6, as entregas intermediárias são somadas para chegar ao valor das entregas principais, e o somatório das entregas principais representa o orçamento total do projeto.

Quadro 6
Planilha de orçamento por entregas principais e intermediárias

Descrição das entregas	Orçamento (R$)	Nível de composição
Requisitos funcionais	10.000	Pacote de trabalho
Diagnóstico	10.000	Pacote de trabalho
Preparação	20.000	Entrega principal
Desenho de processos	35.000	Pacote de trabalho
Desenho da infraestrutura TI	40.000	Pacote de trabalho
Desenho da solução	75.000	Entrega principal
Prototipação	110.000	Entrega principal
Treinamentos	70.000	Pacote de trabalho
Testes	110.000	Pacote de trabalho
Homologação	180.000	Entrega principal
Migração legado	60.000	Entrega principal
Produção assistida	15.000	Entrega principal
Custo total	460.000	Projeto

Podemos apresentar essa mesma planilha graficamente, usando o diagrama da estrutura analítica do projeto (EAP), como na figura 17.

Figura 17
Orçamento por EAP

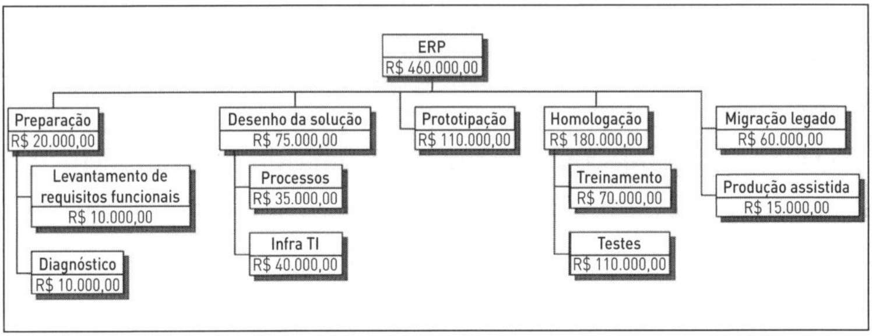

Linha de base do projeto

Para ilustrar a elaboração de uma linha-base usamos o orçamento do mesmo projeto, agora distribuído ao longo do tempo, de acordo com o cronograma, na figura 18. Nesse cronograma, as atividades críticas são apresentadas com barras brancas e as atividades que não pertencem ao caminho crítico são hachuradas.

Figura 18
Exemplo de cronograma do projeto ERP

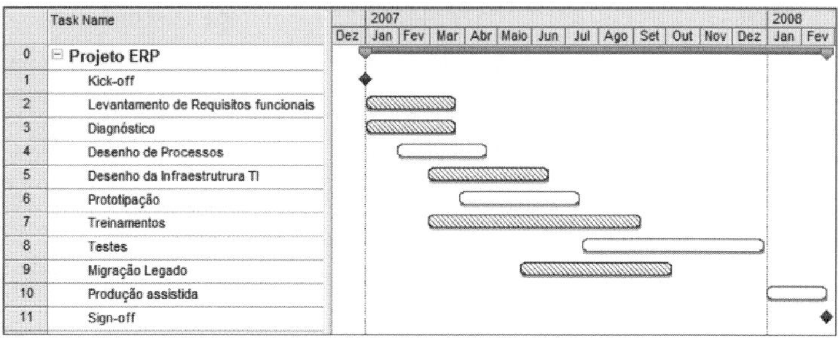

Usando as planilhas analíticas e sintéticas desse projeto, iremos alocar o custo de recursos e a estimativa de custos necessários às atividades, chegando assim a elaborar a distribuição de valores demonstrada na tabela 10, ao longo do referido cronograma.

Podemos traçar a curva de custos acumulados planejados para o projeto, chamada curva "S", como nos mostra a figura 19.

A curva "S" constitui a linha de base do projeto – chamado de orçamento no término (ONT), que, na técnica do gerenciamento do valor agregado, como veremos no capítulo 4, será o principal instrumento de referência do projeto em termos de controle de custos.

Tabela 10
Exemplo de orçamento do projeto ERP

Orçamento do projeto ERP													
Atividades	**Total**	**J**	**F**	**M**	**A**	**M**	**J**	**J**	**A**	**S**	**O**	**N**	**D**
Levantamento de requisitos	10	2	5	3									
Diagnóstico	10	2	5	3									
Desenho de processos	35		5	20	10								
Desenho da infraestrutura TI	40			5	10	15	10						
Protótipo	110				10	40	40	20					
Treinamentos	70			5	5	10	10	30	5	5			
Testes	110					5	20	25	30	20	10		
Migração legado	60							10	20	10	15	5	
Produção assistida	15											10	5
Custo mensal (R$ mil)	460	4	15	36	35	70	80	85	55	35	25	15	5
Custo acumulado (R$ mil)	460	4	19	55	90	160	240	325	380	415	440	455	460

Figura 19
Curva "S" do projeto ERP

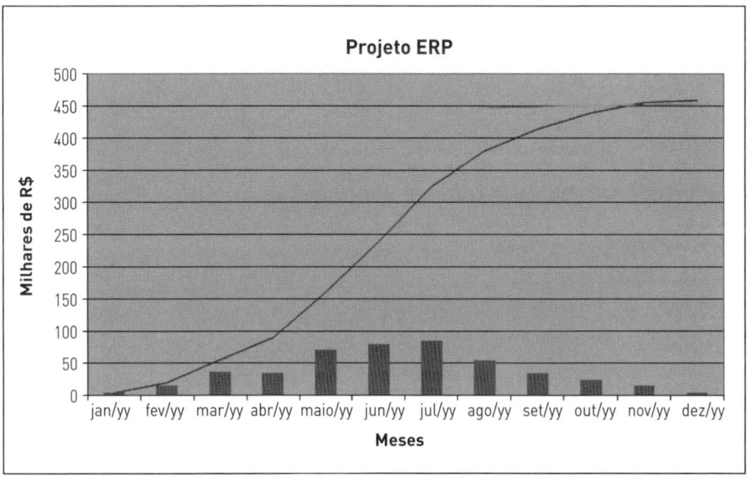

* * *

Neste capítulo, abordamos como escolher as melhores técnicas de estimativas de custos para elaboração de orçamentos de acordo com o momento do ciclo de vida do projeto. Detalhamos as melhores práticas para gerar um orçamento e mostramos como ele será o orçamento-base para o controle de custos do projeto, durante sua execução.

No capítulo a seguir, focaremos os processos, ferramentas e técnicas usados no controle efetivo dos custos em projetos.

4
Controle de custos

O objetivo deste capítulo é explicitar como o gerente deve controlar os custos do projeto, identificar as variações e suas causas, definir ações corretivas e reportar os resultados. Detalharemos, ainda, a técnica do gerenciamento do valor agregado (GVA), ou *earned value management* (EVM).

O processo de controle de custos

Muitos projetos não alcançam o objetivo de estar dentro do prazo e dos custos planejados. Entre os motivos que influenciam esses resultados estão:

- estimativas incorretas;
- imposições de prazo irreais;
- baixo comprometimento dos envolvidos;
- mudanças no escopo;
- falta de monitoramento e controle.

O controle de custos do projeto é importante para que possamos garantir que estamos executando corretamente o orçamento. É primordial que seu gerente esteja sempre em condições de responder, seguramente, se:

- houve alguma mudança significativa no projeto que alterou seu orçamento inicial;
- a mudança foi aprovada e gerou a aprovação de um novo orçamento;
- o projeto está conforme o novo orçamento aprovado;
- as estimativas de custos feitas na fase de planejamento ainda são válidas;
- que tipo de variação (de preço ou de quantidade) ocorreu com os insumos do projeto;
- quais as causas das variações de preço e quantidade dos insumos do projeto;
- o projeto terminará conforme o orçamento;
- algo está sendo feito para garantir que o orçamento aprovado não seja extrapolado.

Essas informações devem estar disponíveis para todos os envolvidos designados no plano de comunicação. Ao longo de todo o ciclo de vida do projeto, os relatórios de desempenho serão desenvolvidos periodicamente, com informações coletadas nas reuniões de acompanhamento, para garantir que os passos apresentados na figura 20 sejam seguidos.

Figura 20

Passos para acompanhar o desempenho do projeto

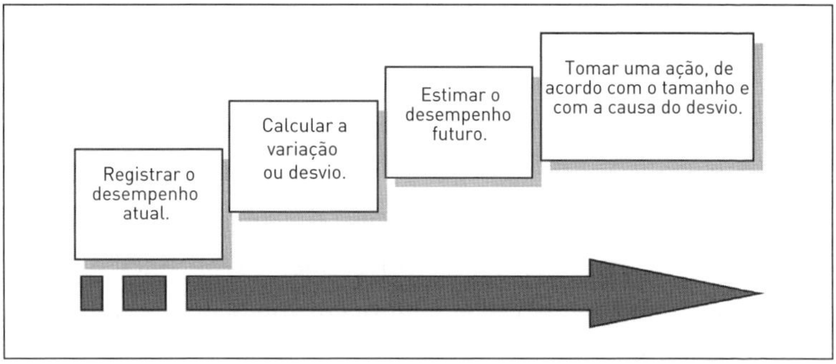

Seguir esses passos é fundamental para um efetivo acompanhamento do desempenho do projeto. A partir deste ponto apresentaremos uma importante ferramenta de controle: o gerenciamento do valor agregado.

Gerenciamento do valor agregado

A principal vantagem do uso do gerenciamento do valor agregado é integrar o que está sendo entregue, ou seja, executado pelo projeto (escopo), na linha do tempo (cronograma), considerando todos os recursos que foram utilizados (custos), para medir objetivamente o desempenho do projeto.

O gerenciamento do valor agregado compara não só o custo orçado com o custo real do projeto, acumulados até um determinado momento, mas considera também o que o projeto conseguiu realmente agregar, ou seja, entregar.

Por que utilizar o gerenciamento do valor agregado?

O gerenciamento do valor agregado é extremamente útil para o controle do projeto, pois fornece a seu gerente uma "fotografia" com dados precisos sobre o *status* do projeto, uma visualização clara de como está seu andamento.

A técnica permite a identificação dos problemas e das tendências das variações de forma antecipada e determinante, auxiliando previsões dos custos e dos prazos finais do projeto. Assim, é possível identificar as causas dos desvios, que irão nortear as ações preventivas e corretivas. Algumas ações, muitas vezes, alteram o projeto significativamente, podendo inclusive culminar no seu cancelamento, quando o desvio é tão grande que o torna inviável financeiramente.

Figura 21

Analisando o passado para controlar o futuro

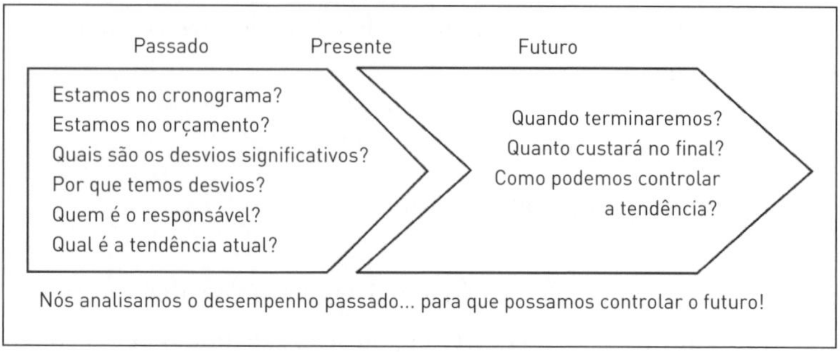

Como nos mostra a figura 21, o gerente do projeto deve analisar o desempenho passado do projeto para poder prever o futuro. Se ele não identificar os problemas o mais cedo possível, pode ser tarde demais para resolvê-los.

O *Guia PMBOK* (PMI, 2017) define o valor agregado como um processo de monitoramento e controle de custos do projeto. Podemos identificar que o gerenciamento do valor agregado e os elementos utilizados por ele estão recomendados no processo. A linha de base (com o somatório dos custos planejados diretos e indiretos) e as informações sobre o desempenho do projeto, ou seja, os custos reais incorridos, progressos físicos previstos e reais são essenciais para o controle de custos.

Realizando a análise de medição do desempenho, o próprio gerenciamento do valor agregado consegue obter:

- atualizações das estimativas de custos, de acordo com novas situações ocorridas até o momento do controle do projeto;
- atualizações do orçamento-base, de modo que o novo orçamento é obtido de acordo com as novas estimativas de custos ou com mudanças aprovadas no projeto;
- novas previsões de custos no momento do término do projeto.

Para que se tenha um claro controle dos custos da sustentabilidade, uma boa ideia é criar uma curva "S" específica para a programação de custos e desembolsos relativos a atividades sustentáveis. Assim, ficará fácil demonstrar claramente custos planejados, reais, agregados e benefícios atingidos pelo projeto, ou seja, se os resultados esperados das atividades para aumentar a sustentabilidade da organização estão sendo alcançados.

Como utilizar o gerenciamento do valor agregado

Vamos supor que um projeto para construção de uma ferrovia tenha previsto gastar, no seu primeiro mês, R$ 10 milhões, relativos a um trecho a ser construído. No entanto, no final do primeiro mês, o gerente do projeto constatou que foram gastos, efetivamente, R$ 12 milhões. O que podemos afirmar sobre essa situação?

A tendência é responder que foi gasto mais do que tinha sido previsto. Mas se não analisarmos o trabalho que realmente foi entregue/executado, ou seja, quais trechos foram construídos, não poderemos fazer nenhuma afirmativa com segurança.

Então, toda e qualquer variação identificada deve ser analisada, considerando o escopo executado (progresso físico realizado), os prazos e os recursos gastos, bem como a qualidade alcançada. Só então poderemos tirar reais conclusões sobre a situação do projeto.

Para podermos utilizar gerenciamento do valor agregado, devemos entender o método a ser utilizado. Vamos descrever, a seguir, como ele pode ser aplicado ao projeto para construção de uma ferrovia, para facilitar a compreensão.

Linha de base de custos ou orçamento-base

O orçamento aprovado para o projeto é considerado o orçamento-base. Ele é composto pelos custos diretos e indiretos estimados no processo de planejamento e será a base para o controle do projeto, como o nome sugere. Para melhor entendê-lo, é necessário compreender os parâmetros a seguir.

Valor planejado (VP)

O valor planejado (VP) é o custo orçado do trabalho planejado ou programado, referente às atividades e/ou aos pacotes de trabalho que devem ser finalizados até um determinado momento do projeto, ou seja, a data de *status* ou de acompanhamento do projeto. O VP indica a parcela do orçamento que deveria ser efetivamente gasta ou incorrida, considerando o custo da linha de base das atividades no orçamento. O valor planejado só deve ser alterado quando o orçamento na linha de base tiver uma modificação aprovada. Ele é também denominado:

Português	**Inglês**
Valor planejado (VP)	*Planned value* (PV)

$$VP = ONT \times PF_P$$

onde:

- ONT = orçamento no término;
- PF_P = progresso físico previsto.

Exemplo

Vamos supor que você seja o gerente de um projeto que prevê construir uma estrada de ferro. Seu plano é o seguinte:

- orçamento do projeto: R$ 60 mil;
- a ser gasto em seis meses;
- você planejou construir dois trechos até o fim do segundo mês;
- os dois trechos estão no caminho crítico da rede de precedências do projeto;
- o custo estimado de um trecho é de R$ 10 mil.

Usando a fórmula VP = ONT × PF_P, temos: ONT = 60 mil e PF_P = (2/6). Portanto,

$$VP = 60.000 \times (2/6) = 20.000$$

Orçamento no término (ONT)

O orçamento no término do projeto é composto pela soma de todos os custos planejados de todas as atividades e é denominado:

Português	**Inglês**
Orçamento no término (ONT)	*Budget at completion* (BAC)

Logo, representando o valor planejado (VP), teremos o resultado apresentado na figura 22.

Figura 22
Curva "S" – valor planejado (exemplo)

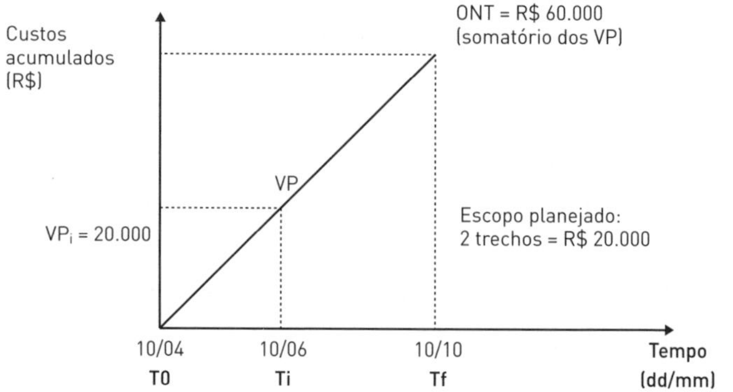

Obs.: No exemplo, foram utilizados valores iguais para cada mês e a sua representação gráfica é uma reta. Na maioria dos projetos, isso não acontece e, consequentemente, a representação gráfica mais comum é a curva S.

Informações sobre o desempenho do projeto

As informações sobre o desempenho do projeto serão fornecidas pelos envolvidos nas atividades planejadas para o período cujo desempenho está sendo analisado. Elas serão baseadas na conclusão dos pacotes de trabalho e representadas pelos parâmetros a seguir.

Custo real (CR)

O custo real (CR) é o custo total incorrido na execução do trabalho, referente às atividades e/ou aos pacotes de trabalho do cronograma até um determinado momento do projeto, ou seja, a data de *status* ou de acompanhamento do projeto. O CR indica quanto foi efetivamente gasto ou incorrido para executar as atividades. Ele pode ser representado conforme os termos a seguir:

Português	Inglês
Custo real (CR)	*Actual cost* (AC)

O custo real (CR) não pode ser recuperado pelo projeto. Ele já foi gasto e, mesmo que tenha excedido o valor planejado (VP) para as atividades efetivamente entregues, deverá ser pago.

Entenda melhor analisando o exemplo da figura 23.

No final do segundo mês você, como gerente do projeto, convocou uma reunião de acompanhamento para verificar o desempenho e foi informado de que:

- apenas um trecho da estrada de ferro foi concluído, apesar de o orçamento planejado ter previsto a entrega de dois trechos;
- foram gastos R$ 12 mil para construir esse único trecho. Então, o custo real do período é R$ 12 mil.

Figura 23

Curva "S" – Custo real (exemplo)

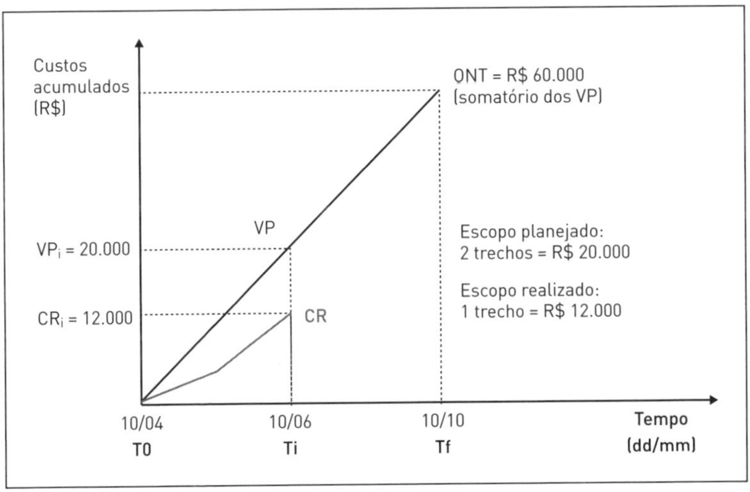

Valor agregado (VA)

O valor agregado (VA) é o custo planejado referente às atividades ou aos pacotes de trabalho do cronograma que foram executados até um determinado momento do projeto, ou seja, a data de *status* ou de acompanhamento do projeto. Ele pode ser denominado:

Português	**Inglês**
Valor agregado (VA)	*Earned value* (EV)

O valor agregado (VA) indica quanto deveria ter sido gasto para o que foi realizado no projeto e não considera quanto o projeto desembolsou para realizar as atividades ou entregar os pacotes de trabalho. Ou seja, valor baseado no orçamento que deveria ser gasto, considerando-se o trabalho efetivamente realizado até o momento. Isso representa o valor que realmente foi agregado ao projeto. Veja o exemplo na figura 24.

$VA = ONT \times PF_R$

onde:

- ONT = orçamento no término;
- PF_R = progresso físico realizado até o momento (data) considerado.

Analisando os resultados no final do segundo mês você, como gerente do projeto, concluiu que:

a) apesar de o planejamento ter previsto a entrega de dois trechos, a R$ 10 mil cada um, somente um trecho foi entregue, ao custo de R$ 12 mil.
Usando a fórmula $VA = ONT \times PF_R$, temos: ONT = 60 mil e $PF_R = (1/6)$. Portanto,

$$VA = 60.000 \times (1/6) = 10.000$$

b) mesmo assim, o valor agregado (VA) foi somente de R$ 10 mil!

Figura 24

Curva "S" – Valor agregado (exemplo)

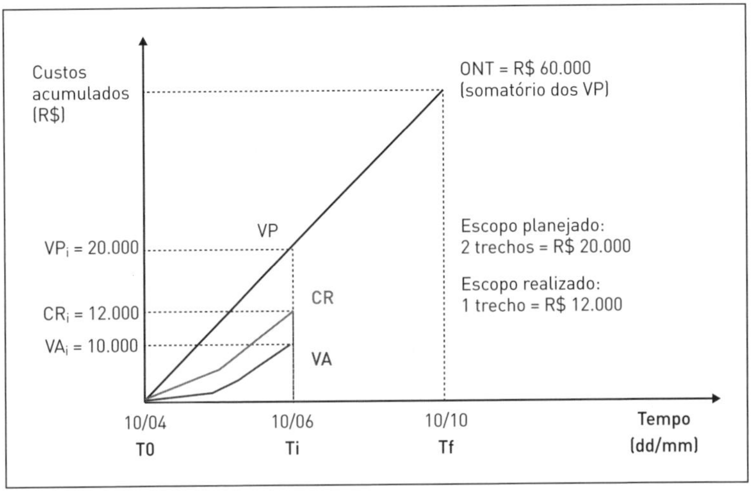

Analisando os resultados apresentados na figura 24, já poderíamos tirar duas conclusões sobre o exemplo:

- o projeto está atrasado, pois deveria ter entregado dois trechos e só entregou um;
- o trecho que deveria ter custado R$ 10 mil custou R$ 12 mil; logo, o orçamento já foi ultrapassado.

O valor agregado (VA) pode ser calculado como o percentual realizado da atividade multiplicado pelo seu valor planejado (VP). Critérios de medição devem ser estabelecidos para determinar o progresso físico, ou seja, o percentual realizado do trabalho em andamento. Algumas regras podem ser utilizadas, como as descritas a seguir, de acordo com a preferência do gerente do projeto:

- regra 0/100 – uma atividade não é considerada parcialmente concluída; somente sua conclusão total é computada, ou seja, nenhum % de conclusão é considerado quando de seu início;
- regra 20/80 – uma atividade é considerada 20% concluída quando começa, e só obtém os outros 80% quando for concluída;
- regra 50/50 – uma atividade é considerada 50% concluída quando começa, e somente recebe os demais 50% quando for concluída;
- método dos eventos (*milestones*) – medem o andamento físico realizado de uma atividade em incrementos de forma cumulativa (0 a 100%) mediante eventos (*milestones*) tangíveis.

Como estamos analisando de forma simplificada um pequeno exemplo, fica fácil fazer as afirmativas acima, mas quando estamos trabalhando com um projeto complexo, a grande quantidade de pacotes de trabalho e de atividades dificulta essa visualização rápida. E é nesse momento que o gerenciamento do valor agregado ajuda, a partir do uso de indicadores de desempenho.

Variação de prazo ou de progresso (VPR)

A variação de prazo é a diferença entre o valor agregado (VA) e o valor planejado (VP), até um determinado momento, ou seja, a data de *status* ou de acompanhamento do projeto. A correspondência português/inglês é:

Português	**Inglês**
Variação de prazo (variação de progresso) (VPR)	*Schedule variance* (SV)

Esse resultado expressa o desempenho de prazos (progresso) em um projeto, medido em termos de custos. Ele mostra o quanto de escopo foi realizado e é calculado conforme a fórmula a seguir, no quadro 7.

Quadro 7

Variação de prazo – fórmula

Fórmula: VPR (variação de prazo) = VA (valor agregado) – VP (valor planejado)
Resultado: **Negativo** ⇨ VA (valor agregado) < VP (valor planejado) O projeto entregou/executou menos atividades ou pacotes de trabalho do que previa entregar/executar; logo, está atrasado nessas atividades, e a variação é expressa em custos. É importante verificar se, nesse caso, as atividades que não foram entregues/executadas fazem parte do caminho crítico e, em caso positivo, como recuperar seus prazos. **Zerado** ⇨ VA (valor agregado) = VP (valor planejado) O projeto entregou exatamente o que estava planejado; logo, está exatamente no cronograma. Nenhuma ação é necessária, já que o projeto está sob controle. **Positivo** ⇨ VA (valor agregado) > VP (valor planejado) O projeto entregou/executou mais atividades ou pacotes de trabalho do que previa entregar/executar; logo, está adiantado nessas atividades, e a variação é expressa em custos. É importante saber o real motivo do adiantamento do cronograma do projeto, se não houve perda de qualidade na execução das atividades e se os pacotes de trabalho foram entregues completos. É importante verificar se houve variação nas estimativas feitas anteriormente e sua causa. Elas podem interferir nos prazos previstos para as atividades ainda não realizadas do projeto.

O exemplo da figura 25 nos mostra o comportamento dos prazos do projeto.

Usando a fórmula VPR (variação de prazo) = VA (valor agregado) – VP (valor planejado), temos: VPR = R$ 10.000 – R$ 20.000. Portanto,

VPR = –R$ 10.000

Resultado negativo = atrasado em relação ao cronograma. O projeto deveria ter construído o escopo correspondente a dois trechos da ferrovia com o custo de R$ 10 mil cada um e só construiu um trecho que agregou de valor somente R$ 10 mil. O valor da VPR de –R$ 10.000 representa o valor das atividades em atraso no projeto.

Figura 25
Curva "S" – Variação de prazos (exemplo)

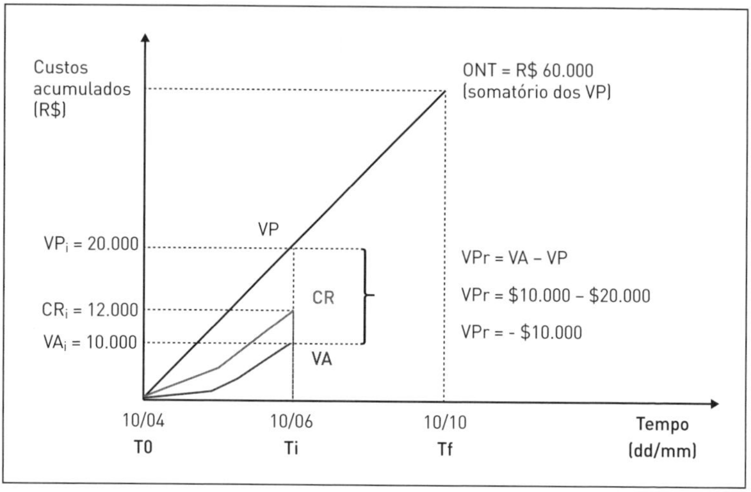

Variação de custos (VC)

A variação de custo é a diferença entre o custo orçado para o trabalho realizado – valor agregado (VA) e o custo real do trabalho realizado – custo real (CR) até um determinado momento, ou seja, a data de *status* ou de acompanhamento do projeto. A correspondência português/inglês é:

Português	Inglês
Variação de custos (VC)	*Cost variance* (CV)

Esse resultado expressará o desempenho dos custos do projeto e é calculado conforme a fórmula do quadro 8.

Quadro 8

Variação de custos – fórmula

Fórmula: VC (variação de custos) = VA (valor agregado) – CR (custo real)
Resultado: **Negativo** ⇨ VA (valor agregado) < CR (custo real) O projeto gastou mais com as atividades ou pacotes de trabalho que foram realmente executadas do que previa gastar; logo, está acima do orçamento. É importante entender a causa do desvio para definir se ele foi pontual ou se haverá repetição ao longo do projeto. Essa será a chave para a determinação das ações corretivas ou preventivas. **Zerado** ⇨ VA (valor agregado) = CR (custo real) O projeto gastou exatamente o que estava planejado gastar; logo, utilizou somente o orçamento previsto. Não é necessário tomar nenhuma atitude, a não ser continuar monitorando e controlando para garantir que essa situação não mude. **Positivo** ⇨ VA (valor agregado) > CR (custo real) O projeto gastou menos para executar as atividades ou pacotes de trabalho do que previa gastar; logo, está abaixo do seu orçamento. É essencial saber o porquê de ter gasto menos no projeto, pois a causa pode ser qualidade baixa na execução das atividades, por exemplo. Assim como em relação aos prazos, a variação de custos identificada em um dado momento do projeto pode se repetir nas atividades que ainda serão executadas. Nesse caso, é necessário tomar ações para tratá-la.

A variação de custos pode ser melhor entendida analisando o exemplo a seguir e a figura 26, em que: VC (variação de custos) = VA (valor agregado) – CR (custo real). Temos então: VC = R$ 10.000 – R$ 12.000. Portanto:

VC = –R$ 2.000

Resultado negativo = gastamos mais do que o orçamento indicava. O projeto deveria ter gasto R$ 10 mil no único trecho que foi construído e, efetivamente, gastou R$ 12 mil na mesma atividade. Isso significa que ele gastou mais R$ 2 mil do que estava previsto.

Figura 26

Curva "S" – Variação de custos (exemplo)

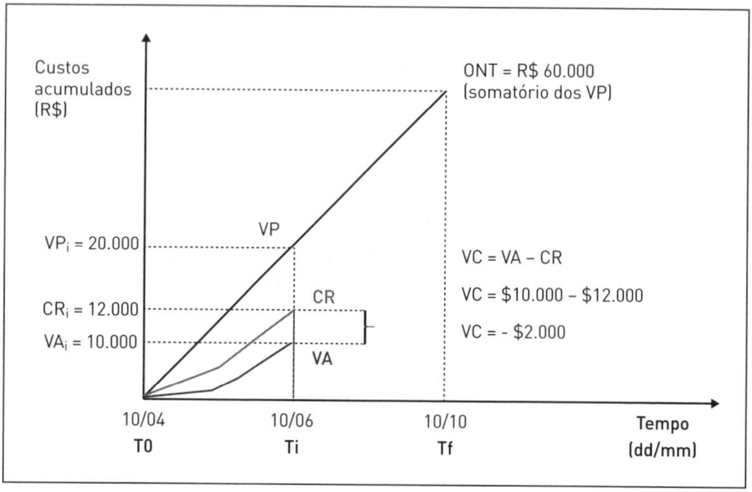

Índice de desempenho de prazo (IDP)

O IDP é a divisão do custo orçado do trabalho realizado – valor agregado (VA) pelo valor do trabalho que estava programado – valor planejado (VP), até um determinado momento, ou seja, a data de *status* ou de acompanhamento do projeto. Ele pode ser denominado pelos termos a seguir:

Português	Inglês
Índice de desempenho de prazo (IDP)	*Schedule performance index* (SPI)

Esse resultado expressa a eficiência do desempenho de prazo em um projeto, medido em termos de coeficiente. Ou seja, o IDP mostra a que taxa o projeto está conseguindo converter o VP (valor planejado) em VA (valor agregado). Ele é calculado a partir da fórmula do quadro 9.

Quadro 9
Índice de desempenho de prazo – fórmula

Fórmula: IDP (índice de desempenho de prazos) = VA (valor agregado) / VP (valor planejado)
A análise é similar à da VPR (variação de prazo), só que expressa em taxa e não em moeda. **Resultado:** **IDP < 1** ⇨ VA (valor agregado) < VP (valor planejado) O projeto entregou menos atividades ou pacotes de trabalho do que previa entregar/executar, ou seja, agregou menos ao projeto do que previu; logo, está atrasado nestas atividades. Como na análise da VPR (variação de prazo), é importante verificar se o escopo que não foi entregue/executado compõe o caminho crítico e, em caso positivo, como agir para não prejudicar as datas acordadas para as entregas do projeto. **IDP = 1** ⇨ VA (valor agregado) = VP (valor planejado) O escopo do projeto executado até o momento é exatamente o planejado. Portanto, o projeto está de acordo com o cronograma e não precisa que nenhuma ação seja tomada. Nesse caso, não se deve deixar de acompanhar o desempenho, pois o fato de o projeto estar sob controle nesse momento não garante que ele assim continuará. **IDP > 1** ⇨ VA (valor agregado) > VP (valor planejado) O projeto agregou mais do que o previsto, convertendo em VA (valor agregado) mais do que tinha planejado gastar, VP (valor planejado). Consequentemente, está adiantado nestas atividades. O real motivo disso deve ser analisado para verificar se a qualidade do que foi executado está de acordo com o previsto e se as atividades foram totalmente executadas. As causas da variação serão a base para decisão em relação às ações que serão tomadas para impedir sua influência nos prazos previstos para as atividades ainda não realizadas do projeto

O exemplo a seguir demonstra como o índice de desempenho de prazo nos ajuda a compreender o comportamento dos prazos do projeto. Usando a fórmula IDP (índice de desempenho de prazo) = VA (valor agregado) / VP (valor planejado), temos: IDP = R$ 10.000 / R$ 20.000. Portanto,

$$IDP = 0{,}50$$

Conclusão: IDP < 1 = cronograma atrasado. O cronograma do projeto está apenas a 50% da taxa originalmente planejada (100%).

É importante destacar que, próximo à conclusão do projeto, o IDP se aproxima de 1 (VA = VP), se assemelhando ao índice de desempenho constante. O ponto final para o valor agregado (VA) é, também, o ONT. Assim, quando se aproxima a conclusão do projeto, o VA converge para o custo planejado contaminando o cálculo do IDP. O IDP não deveria levar em conta os recursos utilizados no projeto, pois estes não produzem adiantamentos ou atrasos, mas sim comprometem a projeção de custos finais. Para fazer a gestão do tempo, o ideal é utilizar a técnica de prazo agregado, que é abordado no livro *Gerenciamento do tempo em projetos* (Barcaui et al., 2011), já que o IDP somente demonstra as variações de tempo representadas em unidades monetárias.

Índice de desempenho de custos (IDC)

O IDC expressa a eficiência do desempenho dos custos em um projeto, medido em termos de coeficiente. É a divisão do custo orçado do trabalho realizado – valor agregado (VA) pelo custo real do mesmo trabalho – custo real (CR), até um determinado momento, ou seja, a data de *status* ou de acompanhamento do projeto. A correspondência português/inglês é:

Português	**Inglês**
Índice de desempenho de custos (IDC)	*Cost performance index* (CPI)

Assim, o IDC, calculado conforme a fórmula do quadro 10, demonstra a taxa de conversão entre os valores reais consumidos pelo projeto e os valores agregados a ele até o período monitorado.

Quadro 10
Índice de desempenho de custos – fórmula

Fórmula: IDC (índice de desempenho de custos) = VA (valor agregado) / CR (custo real)
A análise é similar à da VC (variação de custos), só que expressa em taxa e não em moeda. **Resultado:** **IDC < 1** ⇨ VA (valor agregado) < CR (custo real) O projeto gastou mais com as atividades ou pacotes de trabalho que foram realmente executadas do que previa gastar; logo, seus gastos são maiores do que previa seu orçamento. Entender a causa do desvio é essencial, pois ele pode ter sido pontual ou ainda se repetir durante o restante do projeto. As ações corretivas ou preventivas só poderão ser definidas a partir do motivo da variação. **IDC = 1** ⇨ VA (valor agregado) = CR (custo real) O escopo do projeto executado até o momento foi realizado exatamente como planejado. Portanto, o projeto está de acordo com seu orçamento e nenhuma ação de correção é necessária, a não ser continuar o monitoramento e controle para evitar que haja desvios no futuro. **IDC > 1** ⇨ VA (valor agregado) > CR (custo real) As atividades realizadas no período tiveram seu CR (custo real) menor do que o previamente planejado para elas. Consequentemente, o projeto agregou mais valor que o previsto. O motivo para esse fato deve ser analisado, pois é importante verificar se a qualidade do que foi executado está de acordo com o que foi estabelecido. As causas da variação serão a base para futuras ações preventivas e/ou corretivas.

O exemplo a seguir demonstra como se comportam os custos do projeto. Utilizando a fórmula: IDC (índice de desempenho de custos) = VA (valor agregado) / CR (custo real), temos: IDC = R$ 10.000 / R$ 12.000. Portanto,

$$IDC = 0{,}833$$

Conclusão: IDC = 0,833 < 1 significa "estouro" de orçamento. Analisando os resultados no final do segundo mês você, como gerente, concluiu que o projeto está agregando somente R$ 0,83 (ou 83%) em cada R$ 1 gasto. Ou seja, o trecho da ferrovia construído até o momento, só vale R$ 10 mil (valor da linha de base) e não os R$ 12 mil que foram gastos. Em caso de venda, sem considerar lucro ou valor de mercado, mas somente os custos, o valor recuperado será de R$ 10 mil e o projeto ficará com um prejuízo de R$ 2 mil.

A figura 27 mostra o comportamento dos índices de desempenho de custos e de prazos.

Figura 27
Comportamento dos índices de desempenho de custos e de prazo

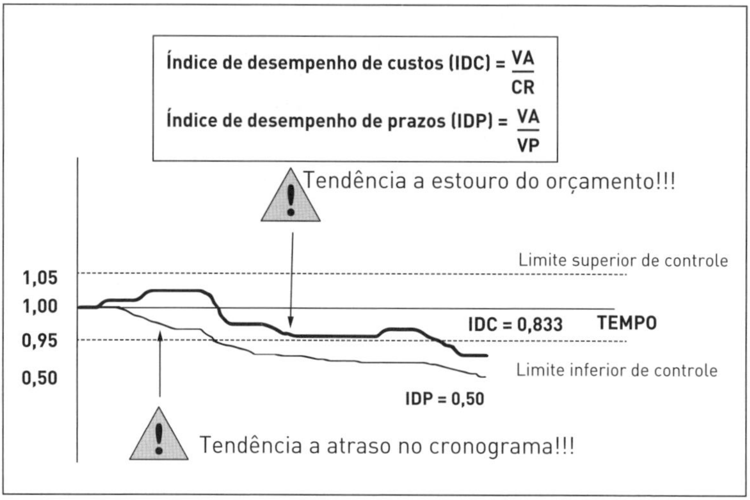

A previsibilidade (*forecasting*) do projeto

Com a aplicação do gerenciamento do valor agregado, até aqui fizemos um mapeamento do comportamento dos custos e prazos do projeto até essa medição. Isso foi importante para avaliarmos o quanto estamos atrasados ou adiantados e se estamos gastando mais ou menos que o orçamento. Então, a partir dessas constatações vamos começar a fazer algumas projeções. Vejam a seguir.

Estimativa para o término (EPT)

É o total das estimativas de custos das atividades e/ou dos pacotes de trabalho que ainda serão realizados ou executados. É o quanto falta gastar no projeto para finalizá-lo. A correspondência português/inglês é:

Português	**Inglês**
Estimativa para o término (EPT)	*Estimate to complete* (ETC)

O gerenciamento do valor agregado ajuda a calcular rapidamente a estimativa para o término (EPT), com base no desempenho do projeto até o momento, evitando a execução de novas estimativas de custos. Assim vamos apresentar as situações que poderão aparecer para o cálculo da estimativa para o término (EPT):

Situação 1 – Nova estimativa

O projeto tem pacotes de trabalho com custos baseados em moeda estrangeira, pois prevê importação de equipamentos e ocorrem mudanças não esperadas que envolvem valores financeiros muito altos (alta ou queda do dólar, mudança de cenário econômico entre outras). Nesse caso, será preciso refazer toda a estimativa de custo a partir dessa medição de desempenho. Veja no quadro 11.

Quadro 11

Estimativa para o término (EPT) – fórmula e exemplo

Fórmula: EPT = fazer nova estimativa a partir desta medição de desempenho.
Exemplo: suponhamos que uma nova estimativa foi feita para os pacotes de trabalho que ainda serão desenvolvidos e o valor encontrado foi R$ 55 mil. EPT (estimativa para o término) = R$ 55 mil.
Conclusão: a nova previsão de estimativa para o término deixa o projeto com um orçamento maior que o anteriormente calculado. O gerente deve acordar com o patrocinado (*sponsor*) um aporte de capital para fazer frente a essa nova demanda de custos.

Situação 2 – Ocorrência de desvios de custos isolados e não repetitivos

Na medição de desempenho feita até esta data, verificamos que os desvios de custos ocorridos são isolados e não repetitivos, e não afetarão o restante das atividades e/ou pacotes de trabalho do projeto daqui por diante. Nesse caso, podemos calcular a estimativa para o término (EPT) subtraindo do ONT (orçamento no término) o valor agregado, uma vez que a variação de custo ocorrida até essa medição não afetará o desempenho do projeto no futuro. Veja exemplo no quadro 12.

Quadro 12

Estimativa para o término (EPT) – fórmula e exemplo

Fórmula: EPT (estimativa para término) = ONT (orçamento no término) – VA (valor agregado)
Exemplo: supondo que a variação de custo ocorrida não afetará o desempenho futuro do projeto, temos: EPT (estimativa para término) = R$ 60.000 – R$ 10.000 EPT (estimativa para término) = R$ 50.000
Conclusão: o orçamento total do projeto é de R$ 60 mil e o valor agregado referente a um trecho construído é de R$ 10 mil. Assim chegamos à conclusão de que, para terminar o projeto, vamos precisar de mais R$ 50 mil. Para utilizar esta fórmula para a EPT, o gerente do projeto deverá se certificar de que os desvios de custos ocorridos no passado não se repetirão no futuro.

Situação 3 – Ocorrência de problemas de custos recorrentes

Por meio da análise de desempenho do projeto até este momento, observou-se que o desvio de custo ocorrido é referente ao aumento do valor unitário de um material que será utilizado até o final do projeto, por exemplo, cimento em um projeto de uma obra civil. Ou seja, a variação de custo (VC) e o índice de desempenho do custo (IDC) ocorridos até essa medição vão influenciar os custos do projeto até seu final.

A estimativa para o término (EPT) deve refletir o desvio de custo (IDC) até o momento e, então, ela é calculada como o orçamento no término (ONT) menos o valor agregado (VA) dividido pelo índice de desempenho de custos (IDC). O quadro 13 ajuda a entender como calcular a EPT para essa situação.

Quadro 13

Estimativa para o término (EPT) – fórmula e exemplo

Fórmula: EPT (estimativa para o término) = (ONT (orçamento no término) – VA (valor agregado)) / IDC (índice de desempenho de custos).
Exemplo: EPT (estimativa para o término) = (R$ 60.000 – R$ 10.000) / 0,833. EPT (estimativa para o término) = R$ 60.000.
Conclusão: a nova previsão calculada levando em consideração o índice de desempenho do custo (IDC) mostra que, para terminar, o projeto irá precisar de mais R$ 60 mil. O gerente do projeto deve decidir o que fazer para recuperar essa variação e, se não conseguir, deverá negociar um acréscimo no orçamento.

Situação 4 – Ocorrência de problemas típicos, afetados por desvios de custos e de prazo

Agora o gerente, além de constatar um desvio de custo gerado por um aumento do valor unitário de um material (situação 3) que é utilizado em todo o projeto, observou que a equipe está demorando mais tempo nas atividades do que tinha estimado. Isto está causando problemas com o desempenho. Pela análise realizada, este tempo maior para a realização das atividades vai se estender até o final do projeto.

A estimativa para o término (EPT) deve refletir os desvios de custo (IDC) e de tempo (IDP) até o momento. Então, é calculada como o orçamento no término (ONT) menos o valor agregado (VA) dividido pelo índice de desempenho de custos (IDC) vezes o índice de desempenho de prazo (IDP). O quadro 14 nos ajuda a entender como calcular a EPT para essa situação.

Quadro 14
Estimativa para o término (EPT) – fórmula e exemplo

Fórmula: EPT (estimativa para o término) = (ONT (orçamento no término) – VA (valor agregado)) / (IDC (índice de desempenho de custos) × IDP (índice de desempenho de prazo)).
Exemplo: EPT (estimativa para o término) = (R$ 60.000 – R$ 10.000) / (0,833 × 0,50). EPT (estimativa para o término) = R$ 120.000.
Conclusão: a estimativa para o término mostra que, para ser concluído a partir dessa medição de desempenho, o projeto precisará de mais R$ 120 mil. Como o valor é muito alto, o gerente provavelmente deverá negociar com o patrocinador (*sponsor*) o que fazer.

Estimativa no término (ENT)

É a projeção do custo total mais provável no término do projeto, baseada no seu desempenho até o momento mais a estimativa para o término (EPT). Suas denominações são:

Português	**Inglês**
Estimativa no término (ENT)	*Estimate at completion* (EAC)

É a soma do custo real (CR) até o momento mais a nova estimativa para o término (EPT) calculada anteriormente. O quadro 15 nos ajuda a entender como calcular a estimativa no término (ENT).

Quadro 15
Estimativa no término – fórmula e exemplo

Fórmula: ENT (estimativa no término) = CR (custo real) + EPT (estimativa para o término) Ou usar a fórmula simplificada para problemas recorrentes (situação 3): ENT (estimativa no término) = ONT (orçamento no término) / IDC (índice de desempenho de custo)
Exemplo: suponhamos que a estimativa para o término (EPT) adotada em nosso projeto seja a descrita na *situação 3* (ocorrência de problemas de custos recorrentes), que indicou uma estimativa de R$ 60 mil para terminá-lo. ENT (estimativa no término) = R$ 12.000 + R$ 60. ENT (estimativa no término) = R$ 72.000.
Conclusão: a nova previsão deixa o projeto com um orçamento projetado (estimativa no término – ENT) maior que o orçamento original (orçamento ao término – ONT). O gerente deve negociar com o patrocinado (*sponsor*) a liberação do recurso necessário para completar o projeto.

Índice de desempenho para término (IDPT)

É a projeção calculada do índice de desempenho de custos a ser alcançado pelo restante do projeto a ser executado, de forma que o orçamento na conclusão (ONT) ou a estimativa na conclusão (ENT ou novo ONT) seja atingido. Suas denominações são:

Português	Inglês
Índice de desempenho para término (IDPT)	*To-complete performance index* (TCPI)

É a divisão do orçamento no término (ONT) menos o valor agregado (VA), que representa o trabalho remanescente, pela diferença entre orçamento no término (ONT) e o custo real (CR), representando o custo remanescente.

Não podemos esquecer que a estimativa no término (ENT), quando aprovada, pode se tornar o novo orçamento no término (ONT) e, nesse caso, é seu valor que deve ser utilizado na fórmula, conforme o quadro 16 apresenta.

Quadro 16

Índice de desempenho para término – fórmula

Fórmula:

IDPT (índice de desempenho para término) = (ONT (orçamento no término) – VA (valor agregado)) / (ONT (orçamento no término) – CR (custo real)) ou, se ficar óbvio que o ONT não é mais viável, devemos considerar, uma vez aprovada, a ENT prevista.

IDPT (índice de desempenho para término) = (ONT (orçamento no término) – VA (valor agregado)) / (ENT (estimativa no término) – CR (custo real))

Resultado:

IDPT < 1 ⇨ CR (custo real) < VA (valor agregado)
O projeto gastou menos do que previa com as atividades ou pacotes de trabalho que foram realmente executados até a medição. Ou seja, há uma folga no orçamento. Entender a causa do desvio é fundamental para verificar se houve erro na estimativa.

IDPT = 1 ⇨ CR (custo real) = VA (valor agregado)
O escopo do projeto executado até o momento foi exatamente igual ao orçamento planejado. Portanto, o projeto está dentro do seu orçamento e nenhuma ação de correção é necessária, a não ser continuar o monitoramento e controle para evitar que haja desvios no futuro.

IDPT > 1 ⇨ CR (custo real) > VA (valor agregado) até a medição.
Significa que o projeto teve um desempenho abaixo do esperado até o momento e terá de compensá-lo com um desempenho acima do esperado nas atividades faltantes.

Entender a causa do desvio é essencial, pois ele pode ter sido pontual ou ainda se repetir durante o restante do projeto. As ações corretivas ou preventivas só poderão ser definidas a partir do motivo da variação.

Conclusão: a estimativa para o novo índice de desempenho de custos (IDPT) é > 1; logo, significa que, como o projeto teve um desempenho abaixo do esperado até o momento, terá de compensá-lo. Em outras palavras, até o momento o projeto gastou mais do que o previsto e terá de gastar menos para terminar de acordo com o orçamento planejado.

O exemplo a seguir demonstra como se comporta o índice de desempenho para o término do projeto, no momento do acompanhamento.

Usando a fórmula IDPT (índice de desempenho para término) = (ONT (orçamento no término) – VA (valor agregado)) / (ONT (orçamento no término) – CR (custo real)), temos: IDPT = (R$ 60.000 – R$ 10.000) / (R$ 60.000 – R$ 12.000). Portanto,

IDPT = 1,0416

Como 1,0416 > 1, o projeto deve gastar menos do que o valor planejado para as atividades remanescentes. A partir dessa data, para obter o orçamento original (ONT), o índice de desempenho de custos deve ser 1,0416. Assim, o custo do trabalho remanescente a ser executado deverá ser menor do que o custo estimado no planejamento inicial.

Variação no término (VNT)

É a previsão mais provável da variação entre custo total projetado para o projeto e o orçamento previsto originalmente. É a diferença entre o orçamento no término (ONT) e a estimativa no término (ENT) recalculada a partir da situação atual do projeto. A correspondência português/inglês é:

Português	**Inglês**
Variação no término (VNT)	*Variation at completion* (VAC)

A variação no término (VNT) demonstrará ao gerente, antecipadamente, se o projeto ultrapassará ou ficará abaixo do seu orçamento previsto e em quanto. O quadro 17 mostra como calcular a VNT para o projeto usado como exemplo.

Quadro 17

Variação no término (VNT) – fórmula e exemplo

Fórmula: VNT (variação no término) = ONT (orçamento no término) - ENT (estimativa no término)
Exemplo: Suponhamos que a estimativa no término (ENT) adotada no nosso projeto seja a descrita no quadro 15, que indicou uma estimativa de R$ 72 mil para sua conclusão. Então: VNT (variação no término) = R$ 60.000 – R$ 72.000. VNT (variação no término) = –R$ 12.000.
Conclusão: A variação entre o orçamento inicial do projeto e a estimativa no término calculada a partir da medição do desempenho até este momento demonstra que vamos precisar de mais R$ 12 mil para terminá-lo. O gerente deve negociar com o patrocinador (*sponsor*) a liberação do recurso necessário para completar o projeto.

Estimativa de tempo no término (ETT)

Por meio da análise de desempenho até esse momento, observou-se que a equipe está demorando mais tempo nas atividades do que tinha sido estimado no orçamento inicial. Isso está causando problemas ao desempenho do projeto. Pela análise realizada, esse tempo maior para a realização das atividades vai se estender até o final do projeto.

A partir dessa constatação, podemos estimar o novo prazo no término do projeto. Tal estimativa de tempo no término (ETT) deve refletir o desvio do índice de desempenho do prazo (IDP) até o momento. Então, podemos calcular o novo prazo como o tempo planejado inicialmente para o projeto dividido pelo índice de desempenho do prazo (IDP). Suas denominações são:

Português	Inglês
Estimativa de tempo no término (ETT)	*Time at completion* (TAC)

O quadro 18 nos ajuda a entender como calcular a estimativa de tempo no término (ETT).

Quadro 18

Estimativa de tempo no término (ETT) – fórmula e exemplo

Fórmula: ETT (estimativa de tempo no término) = tempo planejado inicialmente para o projeto / IDP (índice de desempenho do prazo)
Exemplo: em nosso projeto da estrada de ferro planejamos gastar seis meses para construir os seis trechos. Então: ETT (estimativa de tempo no término) = 6 meses / 0,5 ETT (estimativa de tempo no término) = 12 meses.
Conclusão: a estimativa de tempo no término demonstra que o projeto vai ter uma duração total de 12 meses em lugar dos seis meses planejados inicialmente. É a variação entre o prazo inicial do projeto e o estimado agora, no término, a partir do IDP, o que demonstra que vamos precisar de seis meses além do planejado inicialmente para terminar o projeto. O gerente deve negociar esse novo prazo com o patrocinador (*sponsor*).

Análise das causas das variações

O gerenciamento do valor agregado fornece ao gerente um mapeamento detalhado das variações de custo (VC) do projeto, de um pacote de trabalho da EAP ou até de uma atividade específica. No entanto a técnica não demonstra se a variação encontrada é consequência de desvios entre os custos unitários dos recursos estimados e os realizados, ou entre as quantidades estimadas para os recursos e as efetivamente aplicadas ao projeto.

Para tomar decisões em relação às ações para correção de desvios, é necessário registrar e controlar não só os custos unitários, mas também quantidades dos recursos utilizados nas atividades do projeto. Os desvios encontrados podem ser abordados segundo três aspectos:

- *variação de custos unitários (VCU)* – contempla desvios verificados entre o custo unitário planejado para um determinado tipo de recurso do projeto e custo unitário realizado. Normalmente esse tipo de variação é decorrente de questões relacionadas ao mercado ou a processos de aquisição do projeto;
- *variação de quantidades (VQ)* – é a relação entre a quantidade planejada de um determinado recurso para uma atividade, estabelecida no processo de estimativas de recursos do projeto, e a quantidade efetivamente utilizada. As causas das variações são geralmente de natureza técnica e estão ligadas a perdas, qualidade dos materiais e equipamentos, qualificação de mão de obra, experiência e competência das equipes de estimativas etc.;
- *variação mista (VM)* – ocorre todas as vezes que existem variações de custos unitários e de quantidades, simultaneamente, para mais ou para menos. Sua redução depende das medidas tomadas quanto às variações de custo e quantidade.

No exemplo do quadro 19, em uma atividade do projeto foi estimado e orçado gastar 10 kg de um determinado material, cujo custo unitário deveria ser igual a R$ 3,00/kg. Porém, depois de realizada a atividade, constatou-se que foram gastos efetivamente 12 kg e que este material foi adquirido a R$ 4,00/kg.

Quadro 19

Comparação: planejado e realizado

	Planejado	Realizado	Variação
Custo unitário	R$ 3,00	R$ 4,00	R$ 1,00
Quantidade	10 kg	12 kg	2 kg
Custo do material	R$ 30,00	R$ 48,00	R$ 18,00

Nesse caso, a técnica GVA nos informaria a variação de custo (VC) do material igual a R$ 18,00. Determinar se houve ocorrência de variação de custo unitário, quantidade ou mista nos ajudará a entender suas causas, bem como a individualizar financeiramente as responsabilidades. É provavel que a variação ocorrida no custo unitário do material seja responsabilidade da equipe de aquisições e a variação de quantidade seja responsabilidade da equipe que utilizou o material. Graficamente essas variações podem ser representadas conforme o ilustrado na figura 28.

No gráfico da figura 28, podemos identificar as áreas que demonstram as variações de custos unitários, quantidade e mista (se houver).

A seguir, vamos analisar um projeto da empresa “X” que tem um pacote de trabalho cujo objetivo é produzir 48 mil metros de um tubo especial, em quatro meses. Para cumprir o prazo contratual, o gerente do projeto da empresa “X”, baseado em projetos anteriores, estabeleceu os custos unitários dos recursos necessários, conforme o quadro 20.

Figura 28
Gráfico da análise das variações de custo unitário, quantidade e mista

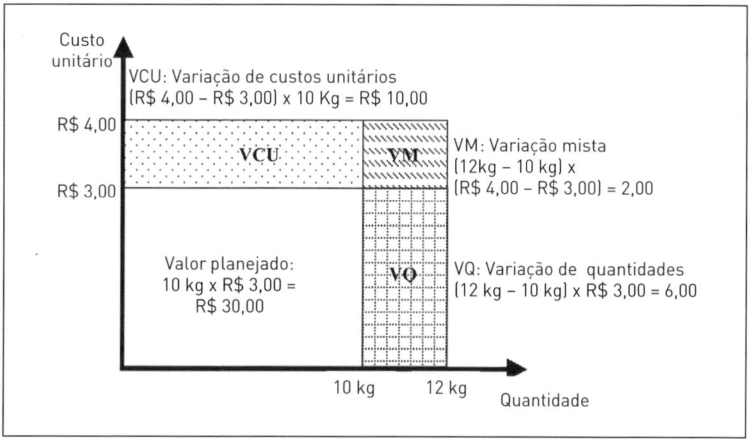

Quadro 20
Custos unitários planejados

Item	Quantidade	Custo unitário
Material	0,300 kg/m de tubo	R$ 2,50 por kg
Mão de obra	1 hora/m de tubo	R$ 10,00 por hora
Equipamento	1	R$ 2.500

O gerente do projeto planejou produzir 12 mil metros de tubo no primeiro mês e os valores estimados por tipo de recursos são os apresentados no quadro 21.

Quadro 21
Valor planejado por tipo de recurso

Item	Quantidade	Valor planejado	Custo unitário
Material	3.600 kg	R$ 9.000,00	R$ 2,50 por kg
Mão de obra	12.000 horas	R$ 120.000,00	R$ 10,00 por hora
Equipamento	1	R$ 2.500,00	R$ 2.500

No final do primeiro mês, o projeto apresentou os custos reais relacionados no quadro 22.

Quadro 22

Custos unitários e quantidades reais no final do primeiro mês

Item	Quantidade	Valor planejado	Custo unitário
Material	3.700 kg	R$ 9.620,00	R$ 2,60 por kg
Mão de obra	12.600 horas	R$ 122.220,000	R$ 9,70 por hora
Equipamento	1	R$ 2.500,00	R$ 2.500

A partir dos levantamentos mostrados nas figuras 28, 29 e 30, podemos examinar as variações de custos unitários, quantidade e mista (de materiais e de mão de obra), já que não houve variação de custo de equipamento.

As variações de custo dos materiais utilizados no primeiro mês do projeto podem ser analisadas no quadro 23.

Quadro 23

Variação de custo unitário, quantidade e mista – materiais

Valor planejado
0,3 kg por metro × 12.000 metros = 3.600 kg 3.600 kg × R$ 2,50 por kg = R$ 9.000,00
Custo real
3.700 kg × R$ 2,60 por kg = R$ 9.620,00
Variação total (VT) dos materiais
3.600 kg – 3.700 kg = –100 kg R$ 2,50 – R$ 2,60 = –R$ 0,10 por kg
Conclusão: gastamos 100 kg a mais de materiais e pagamos R$ 0,10/kg a mais que o orçado para finalizar 12 mil metros. A variação de custo encontrada nos materiais foi: R$ 9.000,00 – R$ 9.620,00 = R$ 620,00

No gráfico da figura 29, podemos verificar as variações de custo unitário, de quantidade e mista relacionadas aos materiais:

Figura 29

Gráfico de variação de custo unitário, quantidade e mista – materiais

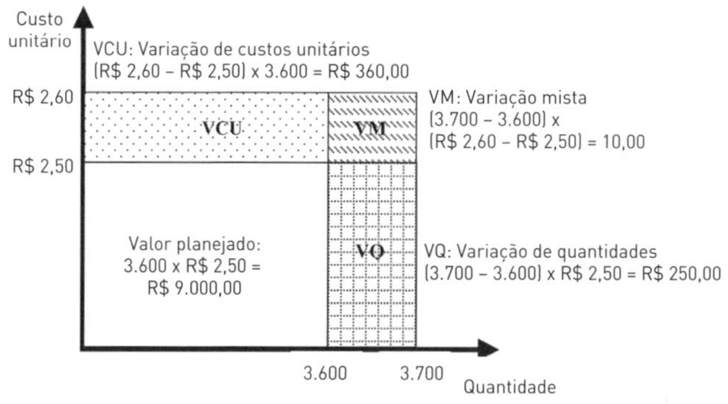

Na figura 29, podemos verificar três variações: variação do custo unitário (VCU), variação da quantidade (VQ) e variação mista (VM). A soma das três variações será igual à variação total encontrada de R$ 620,00 = (9.000,00 – 9.620,00). No quadro 24, podemos ver o detalhamento do valor de cada variação.

Quadro 24

Análise de variação de custo unitário, quantidade e mista – materiais

Variação de custo unitário (VCU)
R$ 0,10 × 3.600,00 = R$ 360,00 a mais que o orçado, pela variação de custo unitário a maior.
Variação de quantidade (VQ)
100 kg × R$ 2,50 por kg = R$ 250,00 a mais que o orçado, pela variação de quantidade a maior.
Variação mista (VM)
R$ 0,10 × 100 kg = R$ 10,00 a mais que o orçado, pela variação de custo unitário e quantidade a maior.
Variação total (VT) de materiais
R$ 360,00 + R$ 250,00 + R$ 10,00 = R$ 620,00 a mais que o orçado para os 12 mil metros.

No quadro 25, podemos analisar as variações de custo referentes à mão de obra:

Quadro 25

Variação de custo unitário, quantidade e mista – mão de obra

Valor planejado
1 hora por metro × 12.000 metros = 12.000 horas
12.000 horas × R$ 10,00 por hora = R$ 120.000,00
Custo real
12.600 horas × R$ 9,70 por hora = R$ 122.220,00
Variação total (VT) da mão de obra
12.000 – 12.600 = –600 horas
10,00 – 9,70 = R$ 0,30 por hora
Conclusão: gastamos 600 horas a mais e pagamos R$ 0,30/hora a menos que o orçado para 12 mil metros. A variação total encontrada na mão de obra foi: R$ 120.000,00 – R$ 122.220,00 = R$ 2.220,00

No gráfico da figura 30 podemos analisar as variações do custo unitário (VCU) e da quantidade (VQ). A soma dessas variações será igual à variação total encontrada de R$ 2.220,00 = (120.000,00 – 122.220,00).

Figura 30

Gráfico de variação de custo unitário, quantidade e mista – mão de obra

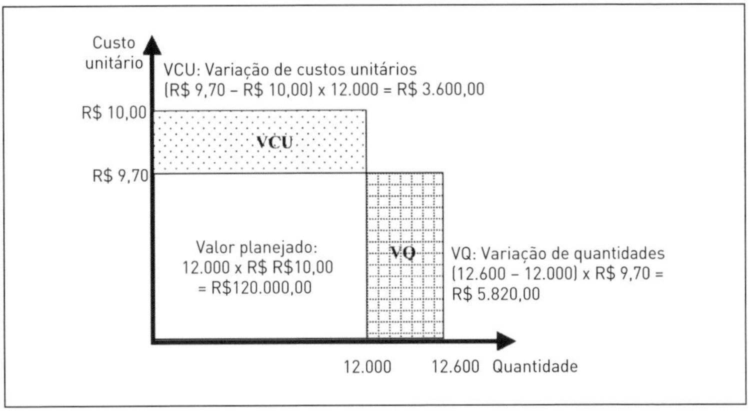

No quadro 26 vamos detalhar o valor de cada variação.

Quadro 26
Análise de variação de custo unitário, quantidade e mista – mão de obra

Variação de custo unitário (VCU)
R$ 0,30 × 12.000 horas = R$ 3.600,00 a menos que o orçado, por causa da variação de custo a menor.
Variação de quantidade (VQ)
600 horas × R$ 9,70 por hora = R$ 5.820,00 a mais que o orçado, por causa da variação de quantidade a maior.
Variação mista (VM)
Neste caso, não há variação mista, conforme a figura 30.
Variação total (VT) da mão de obra
R$ 3.600,00 – R$ 5.820,00 = R$ 2.220,00 a mais que o orçamento para a mão de obra para 12 mil metros.

Os resultados da análise das variações dos custos unitários, das quantidades e mista dos recursos auxiliam o detalhamento das informações geradas pelo gerenciamento de valor agregado (GVA) e podem ser apresentados como no exemplo da tabela 11.

Tabela 11
Variação de custo unitário, quantidade e mista – materiais e mão de obra

Variações	Matéria-prima	Mão de obra	Variação total
Variação custo unitário	R$ 360,00	(R$ 3.600,00)	(R$ 3.240,00)
Variação quantidade	R$ 250,00	R$ 5.820,00	R$ 6.070,00
Variação mista	R$ 10,00	R$ 0,00	R$ 10,00
Variação total	**R$ 620,00**	**R$ 2.220,00**	**R$ 2.840,00**

Relatório de desempenho

Não importa o tamanho da variação, se positiva ou negativa, o gerente do projeto deve analisá-la, determinar suas causas e avaliar a necessidade de ações preventivas ou corretivas. Quando necessário, ele deve dividir suas preocupações com o patrocinador (*sponsor*) do projeto, que poderá autorizar alterações no orçamento ou mesmo o cancelamento do projeto, em casos extremos.

A melhor forma de comunicar os resultados do gerenciamento do valor agregado é por meio de um relatório de desempenho como no exemplo que vemos no quadro 27.

* * *

Conforme vimos neste capítulo, o controle de custos deve ser feito periodicamente para garantir o monitoramento, identificação e recuperação de desvios no projeto. A técnica de gerenciamento do valor agregado pode auxiliá-lo bastante no que diz respeito às áreas de conhecimento de escopo, tempo, custos e comunicação. Apresentamos, também, como as análises das variações de custos unitários e de quantidades dos recursos envolvidos no projeto podem auxiliar o gerente a localizar as causas dos desvios e tomar ações corretivas e preventivas com maior segurança.

Quadro 27
Relatório de desempenho de custos – exemplo

Elemento da EAP		Valor planejado (VP)	Valor agregado (VA)	Custo real (CR)	Variações		Índices de desempenho		Situação	
					Variação de custos (VC)	Variação de prazo (VPR)	Índice de desempenho de custos (IDP)	Índice de desempenho de prazo (IDP)	Situação em relação aos custos	Situação em relação aos prazos
1.0	Levantamento de situação atual	63.000	58.000	62.500	–4.500	–5.000	0,93	0,92	Acima do orçamento	Atrasado
2.0	Metodologia	64.000	48.000	46.800	1.200	–16.000	1,03	0,75	Abaixo do orçamento	Atrasado
3.0	Ferramentas	68.000	68.000	72.500	–4.500	0	0,94	1	Acima do orçamento	No prazo
4.0	Treinamento	12.000	10.000	10.000	0	–2.000	1	0,83	Dentro do orçamento	Atrasado
5.0	Implantação	12.000	13.500	18.100	–4.600	1.500	0,75	1,13	Acima do orçamento	Adiantado
Totais		**219.000**	**197.500**	**209.900**	**–12.400**	**–21.500**	**0,94**	**0,9**	**Acima do orçamento**	**Atrasado**

Conclusão

Estamos vivendo em um mundo de mutações constantes, em que as decisões precisam ser rápidas, seguras, sustentáveis e com a maior precisão possível para continuarmos no mercado, sob pena de perdermos competitividade. Consequentemente, as organizações dependem de projetos para transformar suas estratégias em realizações. Projetos usam equipamentos e materiais, e são realizados por pessoas. Tudo isso gera custos que, no final das contas, devem transformar-se em resultados.

Podemos fazer um paralelo entre os métodos utilizados por uma boa parte das organizações brasileiras para gerir seus recursos e atingir seus objetivos e a forma pela qual você pode estar administrando seu salário para alcançar suas metas pessoais. Vamos supor que você não saiba gerenciar custos em projetos, queira fazer uma reforma na sua casa em dois meses e tenha uma verba limitada. Como você não tem muito tempo, faz estimativas dos custos por alto, lembrando-se dos itens mais significativos, garante que a soma deles não ultrapasse a verba definida e inicia a obra. Semanalmente, você compra os materiais e paga os operários de acordo com as solicitações que eles fazem. Quando chega o final do mês, você descobre que somente metade da obra foi realizada e, também, que a soma dos custos já é maior do que o valor total que você havia reservado. Você se sente estressado e infeliz por não ter conseguido seu objetivo.

Por mais inacreditável que possa parecer, muitas organizações brasileiras ainda agem dessa forma, distribuindo sua verba para o exercício entre as diferentes diretorias, que, por sua vez, as direcionam para que as áreas realizem seus projetos. A partir daí, cada área faz a gestão do fluxo de caixa de cada projeto, controlando as entradas e as saídas, preocupando-se fundamentalmente em obter um saldo final positivo. Dessa forma, não verifica se os custos do que foi efetivamente realizado estão de acordo com o que havia sido planejado. Ou seja, o custo real não é associado ao escopo realizado. E o pior: as metas estratégicas podem não ter sido alcançadas.

Em ambos os casos, se o responsável pelos projetos for um profissional especialista em gerenciamento na área, ele terá gerenciado os custos utilizando as diferentes técnicas de planejamento e controle apresentadas neste livro. Com certeza, ele terá informações suficientes e estará apto a tomar ações preventivas e corretivas para manter o projeto dentro do limite definido para o orçamento. Mais do que isso, o gerente do projeto conseguirá alcançar os resultados esperados ou negociar alternativas. Adicionalmente, ainda terá aprendido muitas lições que poderão ser utilizadas em próximos projetos, facilitando seu trabalho.

Temos observado que a postura das organizações em relação ao gerenciamento de custos dos seus projetos vem mudando. Em vez de se preocupar somente em não gastar mais do que o planejado, está se tornando importante garantir que os custos sejam associados à realização do escopo previsto, cada vez mais sustentável. Nesse cenário, um gerente de projetos que sabe realmente utilizar as melhores práticas tem sido muito valorizado.

Esperamos que, a partir da leitura deste livro, tenhamos contribuído para a evolução de seu conhecimento sobre o gerenciamento de custos em projetos e para aumentar seu interesse em aplicá-lo.

Atrevemo-nos até a afirmar que, já que as técnicas e os dados utilizados serão mais confiáveis, sua atividade como gerente de projetos será exercida com muito mais prazer, tranquilidade e eficácia. E, assim, você será muito mais feliz!

Referências

AMERICAN NATIONAL STANDARD INSTITUTE/ELECTRONIC INDUSTRY ASSOCIATION (ANSI/EIA). *ANSI/EIA-748-1998* – Earned value management systems. Washington, D.C.: ANSI/EIA, 1998.

ASSOCIAÇÃO BRASILEIRA DE NORMAS TÉCNICAS (ABNT). *Norma NBR 12.721* – Avaliação de custos de construção civil para incorporações imobiliárias e outras disposições para condomínios edílicos. Rio de Janeiro: ABNT, 2005.

ASSOCIATION FOR ADVANCED COST ENGINEERING INTERNATIONAL (AACEI). *Prática 17R-97* – Cost estimate classification system. Washington, D.C.: AACEI, 1997. Disponível em: <www.aacei.org/non/rps/17R-97.pdf>. Acesso em: 29 jul. 2013.

______. *Prática 19R-97* – Estimate preparation costs – as applied for the process industries. Washington, D.C.: AACEI, 1998. Disponível em: <www.aacei.org/non/rps/19R-97.pdf>. Acesso em: 29 jul. 2013.

______. *Prática 20R-98* – Project code of accounts. Washington, D.C.: AACEI, 2003. Disponível em: <www.aacei.org/non/rps/20R-98.pdf>. Acesso em: 29 jul. 2013.

______. *Prática 18R-97* – Cost estimate classification system – as applied in engineering, procurement, and construction for the process industries. Washington, D.C.: AACEI, 2005. Disponível em: <www.aacei.org/non/rps/18R-97.pdf>. Acesso em: 29 jul. 2013.

______. *Prática 10S-90* – Cost engineering terminology. Washington, D.C.: AACEI, 2012. Disponível em: <www.aacei.org/non/rps/10S-90.pdf>. Acesso em: 29 jul. 2013.

BARCAUI, André et al. *Gerenciamento do tempo em projetos.* 2. ed. Rio de Janeiro: FGV Ed., 2011.

BORDEAUX-RÊGO, Ricardo et al. *Viabilidade econômico-financeira de projetos.* Rio de Janeiro: FGV Ed., 2008.

CARVALHO, Carlos Eduardo. Bancos e inflação no Brasil: da crise dos anos 1980 ao Plano Real. *Associação Brasileira de Pesquisadores em História Econômica*, São Paulo, 2003. Disponível em: <www.geocities.ws/danica1405/bc_inflacao.pdf>. Acesso em: 16 maio 2013.

CHAVES, Lúcio et al. *Gerenciamento da comunicação em projetos.* 2. ed. Rio de Janeiro: FGV Ed., 2010.

DIAS, Paulo Roberto Vilela. *Uma metodologia de orçamentação para obras civis.* 5. ed. Rio de Janeiro: Ibec, 2005a.

______. *Preços de serviços de engenharia e arquitetura consultiva.* 3. ed. Rio de Janeiro: Ibec, 2005b.

DINSMORE, Paul. *Como se tornar um profissional em gerenciamento de projetos.* 2. ed. Rio de Janeiro: Qualitymark, 2005.

EVANS, M. et al. *Statistical distributions.* 3. ed. Nova York: Wiley, 2000.

FLEMING, Quentin. *Cost/schedule control systems criteria*: the management guide to C/SCSC. Filadélfia: PMI, 2005.

______; KOPPELMAN, J. M. *Earned value project management.* 3. ed. Newtown Square: PMI, 2005.

GIROUX, Gary. *A short history of accounting & business.* [s.l.], 1999. Disponível em: <http://bsofficeadministration.blogspot.com.br/2006/03/short-history-of-accounting-and.html>. Acesso em: 16 maio 2013.

GITMAN, Lawrence J. *Princípios de administração financeira.* 10. ed. Trad. Antonio Zorrato Sanvicente. São Paulo: Addison Wesley, 2004.

HAMMERSLEY, John M.; HANDSCOMB, D. C. *Monte Carlo methods (monographs on applied probability & statistics)*. Londres: Methuen Young Books, 1964.

HANSEN, Don R. *Gestão de custos*. Trad. Robert Brian Taylor. São Paulo: Pioneira Thomson Learning, 2001.

HENKES, Ricardo. Rousseau e o direito de propriedade. *Revista Espaço Acadêmico*, n. 89, out. 2008. Disponível em: <www.espacoacademico.com.br/089/89henkes.htm>. Acesso em: 16 maio 2010.

INTERNATIONAL INTEGRATED REPORTING COUNCIL (IIRC). (s.l.), 2013. *The IIRC – Integrated Reporting*. Disponível em: <https://integratedreporting.org/>. Acesso em: 29 de maio de 2018.

JONAS, Val; BONE, Lauren. *Interfacing earned value with risk management*. In: PMI GLOBAL CONGRESS, 2002, Marselha. *Proceedings*... Newtown Square: PMI, 2002.

KERZNER, Harold. *Project management*: a systems to approach to planning, scheduling an controlling. Nova York: John Wiley & Sons, 2003.

LEHMANN, Oliver F. Strategies and their problems in practice: the sunk cost dilema. *Eddielogic.com*, [S.l.], 10 dez. 2006. Disponível em: <www.eddielogic.com/2006/12/10/strategies-and-their--problems-in-practice---the-sunk-cost-dilemma/>. Acesso em: 29 ago. 2018.

LEONE, George Sebastião Guerra. *Curso de contabilidade de custos*. 2. ed. São Paulo: Atlas, 2000.

LIMEIRA, André et al. *Contabilidade para executivos*. Rio de Janeiro: FGV Ed., 2009.

LIMMER, Carl. *Planejamento, orçamentação e controle de projetos e obras*. Rio de Janeiro: LTC, 2008.

MALCUHY, Rita. *PMP exam prep*. 6. ed. Minnetonka: RMC, 2009.

MARTINS, Eliseu. *Contabilidade de custos*. 8. ed. São Paulo: Atlas, 2001.

MATTOS, Aldo Dórea. *Como preparar orçamento de obras*. São Paulo: Pini, 2006.

MENEZES, Isabel Cristina Dias de. Gasto, custo ou despesa: conceito contábil. *Contadez Boletim*. 21-27 ago. 2009. Disponível em: <http://contadez.cenofisco.com.br/boletim/anexo/boletim_3609_Contabil_1.pdf>. Acesso em: 16 maio 2013.

NASCENTES, Antenor. *Dicionário etimológico da língua portuguesa*. Rio de Janeiro: Francisco Alves, 1932.

_____. *Dicionário etimológico da língua portuguesa*. Rio de Janeiro: Francisco Alves, 1952. v. II: nomes próprios.

_____. *Dicionário etimológico resumido*. Rio de Janeiro: INL/MEC, 1966.

NASCIMENTO, Jonilto. *Custos*: planejamento, controle e gestão na economia globalizada. 2. ed. São Paulo: Atlas, 2001.

OLIVEIRA, Thiago B. Liberdade e Estado em Rousseau. *Mundo dos filósofos*. Marília, SP, [s.d]. Disponível em: <www.mundodosfilosofos.com.br/liberdade-estado-rousseau.htm>. Acesso em: 16 maio 2013.

OSTRENGA, Michael R. et al. *Guia Ernest & Young para gestão total dos custos*. 13. ed. Rio de Janeiro: Record, 1997.

PACIOLO, Luca. *Tratactus de computis et scripturis*: contabilidade por partidas dobradas. [s.l.]: [s.n], 1949. Comp. equipe do Portal de Contabilidade. Disponível em: <portaldecontabilidade.com.br/tematicas/historia.htm>. Acesso em: 16 maio 2013.

PETERS, Max S.; TIMMERHAUS, Klaus D. *Plant design and economics for chemical engineers*. 3. ed. Tóquio: MacGraw-Hill, 1981. International student edition.

_____; _____. *Plant design and economics for chemical engineers*. 5. ed. Tóquio: McGraw-Hill, 2003.

PORTER JR., James B. *Dupont's role in capital projects*. In: COMMITTEE FOR OVERSIGHT AND ASSESSMENT OF U.S. DEPARTMENT OF

ENERGY. *Project management proceedings of government/industry forum*: the owner's role in project management and preproject planning. Washington, D.C.: National Academy Press, 2002. p. 17-22. Disponível em: <https://www.nap.edu/search/?term=Project+Management+Proceedings+of+government%2Findustry+forum%3A&topic=&author=&year=>. Acesso em: 29 jul. 2018.

PROJECT MANAGEMENT INSTITUTE (PMI). *Practice standard for earned value management*. Newtown Square: PMI, 2005.

_____. *Um guia do conhecimento em gerenciamento de projetos (Guia PMBOK®)*. 6. ed. Newtown Square: PMI, 2017.

RAD, Parviz. *Project estimating and cost management*. Tysons Corner: Management Concepts, 2002.

RAMOS, Renato. *Gerenciamento de projetos*: ênfase na indústria de petróleo. São Paulo: Interciência, 2006.

ROUSSEAU, Jean-Jacques. *Discurs sur l'origine et les fondements de l'inegalite parmi les hommes*. Paris: Flammarion, 2007.

SÁ, Antonio. *Planos de contas*. 11. ed. São Paulo: Atlas, 2002.

SALLES JR., Carlos et al. *Gerenciamento de riscos em projetos*. 2. ed. Rio de Janeiro: FGV Ed., 2010.

SOTILLE, Mauro et al. *Gerenciamento do escopo em projetos*. 2. ed. Rio de Janeiro: FGV Ed., 2011.

STEWART, Rodney D. *Cost estimating*. 2. ed. Nova York: John Wiley & Sons, 1991.

_____; WYSKIDA, Richard M.; JOHANNES, James D. *Cost estimator's reference manual*. 2. ed. Nova York: John Wiley & Sons, 1995.

THUSWOHL, Maurício. Cesar Maia consegue evitar CPI do Pan mais uma vez. *Revista Eletrônica Carta Maior*, 27 jun. 2007. Disponível em: <www.cartamaior.com.br/templates/materiaMostrar.cfm?materia_id=14729> . Acesso em: 10 abr. 2013.

UNITED KINGDOM. Office of Government Commerce (OGC). *Managing successful projects with Prince2*. 5. ed. Londres: TSO, 2009.

UNITED STATES OF AMERICA. Department of Defense. *DoD 5000.2-R* – Mandatory procedures for major defense acquisition programs (MDAPS) and major automated information system (MAIS) acquisition programs. Washington, D.C.: Department of Defense, 2002. Disponível em: <www.explorationsystems.nasa.gov/documents/TTT_052005/DoD50002R.pdf>. Acesso em: 16 maio 2013.

VALLE, André et al. *Fundamentos do gerenciamento de projetos*. 2. ed. Rio de Janeiro: FGV Ed., 2010.

VARGAS, Ricardo. *Análise do valor agregado em projeto*. Rio de Janeiro: Brasport, 2005.

WARREN, Carl. *Contabilidade gerencial*. Trad. André O. D. Castro. São Paulo: Pioneira Thomson Learning, 2001.

WERNKE, Rodney. *Gestão de custos*: uma abordagem prática. 2. ed. São Paulo: Atlas, 2004.

XAVIER, Carlos et al. *Gerenciamento de aquisições em projetos*. 2. ed. Rio de Janeiro: FGV Ed., 2007.

Apêndice – Plano de contas para um projeto de engenharia

Conta	Descrição
00.000	*Geral*
10.000	*Engenharia*
11.000	Engenharia nacional
11.100	Gerência de implantação do empreendimento
11.110	Gerência do empreendimento
11.120	Gerência de projeto
11.130	Planejamento e controle do empreendimento
11.140	Gerência de suprimento
11.150	Gerência de construção e instalação
11.160	Apoio operacional
11.170	Assessoria a gerenciamento
11.200	Projeto
11.210	Rede externa
11.211	*Survey*
11.212	Projeto da rede externa
11.213	Projeto de canalização
11.214	Projeto das estações
11.220	Infraestrutura
11.221	Arquitetura
11.222	Civil
11.223	Hidráulica
11.224	Ar-condicionado
11.225	Energia CC
11.226	Energia CA
11.227	Estruturas metálicas

Conta	Descrição
11.230	Comutação
11.240	Transmissão
11.290	Apoio operacional
11.300	Engenharia de suprimento
11.310	Serviços de procura e compra
11.320	Serviços de inspeção e diligenciamento
11.330	Controle de transporte
11.390	Apoio operacional
11.400	Supervisão de construção e instalação
11.410	Gerência e administração
11.420	Fiscalização de obras
11.430	Engenharia de campo
11.490	Apoio operacional
11.900	Despesas diversas
11.910	Viagens e estadias
11.911	Viagens e estadia no Brasil
11.912	Viagens e estadia no exterior
11.920	Despesas de comunicação
11.921	Telefonemas
11.922	Rádio, telex e telegramas
11.923	Correios e malotes
11.930	Despesas legais e tributárias
11.931	Despesas legais
11.932	Impostos
11.933	Despesas com cobrança jurídica
11.940	Impressos, cópias e reproduções
11.941	Impressos
11.942	Cópias e reproduções
11.943	Microfilmagem
11.950	Processamento de dados
11.960	Transporte urbano
11.970	Lanches e refeições
11.980	Deslocamento de pessoal
11.990	Anúncios e publicações
12.000	Engenharia estrangeira
12.100	Licença e tecnologia
12.200	Gerenciamento

Conta	Descrição
12.300	Projeto
12.400	Suprimento
12.500	Supervisão de construção e instalação
12.600	Consultoria no exterior
12.900	Despesas diversas
12.910	Viagens e estadias
12.920	Despesas de comunicação
12.930	Despesas legais e tributárias
12.940	Impressos, cópias e reproduções
12.950	Processamento de dados
12.960	Transporte urbano e refeições
12.970	Deslocamento de pessoal
20.000	*Equipamentos*
21.000	Equipamentos nacionais
21.100	Equipamentos para rede externa
21.110	Distribuidor geral óptico (DGO)
21.120	Bastidor de emenda óptica (BEO)/distribuidor interm. óptico (DIO)
21.130	Armários de distribuição
21.140	Pressurização
21.150	Reflectômetro óptico
21.160	Máquina de emendas
21.170	Ferramentas especiais
21.190	Equipamentos auxiliares
21.200	Equipamentos de infraestrutura
21.210	Climatização
21.220	Energia CC
21.230	Energia AC
21.240	Grupo motor-gerador
21.250	Proteção elétrica
21.300	Equipamento de comutação
21.400	Equipamento de transmissão
21.900	Equipamentos diversos
21.910	Equipamentos e materiais para combate a incêndio
21.920	Equipamentos para laboratório
21.930	Equipamentos para manutenção
21.940	Equipamentos para montagem
21.950	Equipamentos para segurança pessoal

Conta	Descrição
21.990	Equipamentos auxiliares
22.000	Equipamentos importados
22.100	Equipamentos para rede externa
22.110	Equipamentos ópticos
22.120	Equipamentos para lançamento
22.130	*Puller* e dispositivos de frenagem
22.140	Ferramentas especiais
22.200	Equipamentos para infraestrutura
22.300	Equipamentos de comutação
22.400	Equipamentos de transmissão
22.900	Equipamentos diversos
23.000	Frete e seguro de equipamentos
23.100	Frete e seguro de equipamentos nacionais
23.200	Frete e seguro de equipamentos importados
23.210	Frete e seguro no país de origem
23.220	Frete e seguro internacionais
23.230	Despesas portuárias e alfandegárias
23.240	Frete e seguro internos
24.000	Treinamento
24.100	Treinamento nacional
24.110	Treinamento equipamentos para rede externa
24.120	Treinamento equipamentos para infraestrutura
24.130	Treinamento equipamentos de comutação
24.140	Treinamento equipamentos de transmissão
24.200	Treinamento no exterior
24.210	Treinamento equipamentos para rede externa
24.220	Treinamento equipamentos para infraestrutura
24.230	Treinamento equipamentos de comutação
24.240	Treinamento equipamentos de transmissão
30.000	*Materiais*
31.000	Materiais nacionais
31.100	Materiais para rede externa
31.110	Cabos
31.111	Cabos ópticos para rede aérea
31.112	Cabos ópticos para rede subterrânea
31.113	Cabos ópticos para rede interna
31.114	Cabos metálicos para rede aérea

Conta	Descrição
31.115	Cabos metálicos para rede subterrânea
31.116	Cabos metálicos para rede interna
31.117	Cabos Petrel
31.118	Cabos telefônicos
31.119	Cabos eletrônicos
31.120	Caixas de emendas
31.121	Caixas de emendas para cabos OPGW
31.122	Caixas de emendas para cabos dielétricos
31.123	Caixas de emendas para cabos diretamente enterrados
31.130	Ferragens
31.131	Ferragens para cabos OPGW
31.132	Ferragens para cabos dielétricos
31.140	Esteiramento
31.150	Subdutos
31.160	Materiais de instalação
31.170	Postes
31.180	Adaptadores
31.200	Materiais para infraestrutura
31.300	Materiais de comutação
31.400	Materiais de transmissão
31.900	Materiais diversos
32.000	Materiais importados
32.100	Materiais para rede externa
32.110	Cabos
32.111	Cabos OPGW
32.120	Acessórios
32.200	Materiais para infraestrutura
32.300	Materiais de comutação
32.400	Materiais de transmissão
33.000	Sobressalentes de materiais
33.100	Sobressalentes de materiais nacionais
33.200	Sobressalentes de materiais importados
34.000	Frete e seguro de materiais
34.100	Frete e seguro de materiais nacionais
34.200	Frete e seguro de materiais importados
34.210	Frete e seguro no país de origem
34.220	Frete e seguro internacional

Conta	Descrição
34.230	Despesas portuárias e alfandegárias
34.240	Frete e seguro internos
40.000	*Infraestrutura geral*
41.000	Terreno
41.100	Aquisição
42.000	Terraplenagem
43.000	Infraestrutura
43.100	Serviços preliminares
43.200	Drenagem pluvial
43.300	Rede de esgotos
43.400	Rede de água
43.500	Rede de combate a incêndio
43.600	Canalização subterrânea
43.610	Fornecimento de dutos
43.620	Galeria de dutos
43.630	Caixas subterrâneas
43.640	Demolição / recomposição e proteção
43.650	Interligação com caixa existente
43.700	Urbanização
43.710	Acessos rodoviários, arruamentos e parques
43.720	Cercas, muros e portões
43.730	Paisagismo
43.740	Ajardinamento
43.750	Serviços para contenção de encostas e taludes
43.760	Pontes, viadutos e trevos
43.900	Custos indiretos
43.910	Controle tecnológico de pavimentações
44.000	Canteiro de obras
49.000	Diversos
49.100	Seguros diversos
50.000	*Construção civil*
51.000	Bases de equipamentos
51.100	Fundações profundas
51.200	Fundações rasas
52.000	Prédios
52.100	Infraestrutura
52.200	Superestrutura

Conta	Descrição
52.300	Acabamentos
52.400	Coberturas e fechamentos
52.500	Instalações prediais
52.510	Instalações hidráulicas
52.520	Instalações sanitárias
52.530	Instalações pluviais
52.540	Instalações elétricas, telefônicas, TV, som
52.550	Instalações eletromecânicas
52.600	Diversos
53.000	Serviços de apoio à construção civil
54.000	Custos indiretos
54.100	Remuneração de contratantes
54.200	Despesas diversas de contratantes
54.300	Equipamentos auxiliares
54.400	Serviços de apoio
55.000	Canteiro de obra (construtora)
59.000	Diversos
59.100	Seguros diversos
60.000	*Instalação*
61.000	Infraestrutura
61.100	Torres
61.110	Instalação de torres estaiadas
61.120	Instalação de torres autossuportadas
61.190	Reforço de torres
61.200	Equipamentos de infraestrutura
61.210	Climatização
61.220	Energia CC
61.230	Energia AC
61.240	Grupo-motor gerador
61.250	Proteção elétrica
62.000	Redes externas
62.100	Rede aérea
62.110	Posteação
62.120	Lançamento de cabos aéreos, cordoalhas e ferragens
62.130	Blocos e caixas de emendas aéreas
62.140	Armários de distribuição
62.150	Distribuidor geral

Conta	Descrição
62.160	Pressurização
62.190	Retirada de cabos, cordoalhas, ferragens e acessórios
62.200	Rede subterrânea
62.210	Subdutos
62.220	Lançamento de cabos em duto
62.230	Lançamento de cabos diretamente enterrados
62.240	Caixas de emendas subterrâneas
62.280	Desobstrução de dutos
62.290	Retirada de cabos, subdutos
62.300	Rede de assinantes
62.310	Instalação de fios e serviços de *jumper*
62.400	Instalação interna em centrais, subestações e repetidoras
62.410	Distribuidor intermediário óptico (DIO) / bastidor emenda óptica (BEO)
62.420	Esteiramento
63.000	Instalação de equipamentos de comutação
64.000	Instalação de equipamentos de transmissão
65.000	Custos indiretos
65.100	Remuneração de contratantes
65.200	Despesas diversas de contratantes
65.300	Equipamentos auxiliares
66.000	Canteiro de obras (instaladora)
69.000	Diversos
69.100	Seguros diversos
70.000	*Testes*
71.000	Rede externa
72.000	Infraestrutura
73.000	Comutação
74.000	Transmissão
80.000	*Custos gerais*
81.000	Seguros diversos
82.000	Despesas administrativas do cliente

Os autores

Christina Barbosa
Doutora em administração pela Universidad Nacional de Rosário (Argentina). Especialista em *design for sustainability* pelo Gaia Education, em *internet technology* pela Coppe/UFRJ e em gerência de sistemas pela Pontifícia Universidade Católica do Rio de Janeiro (PUC-Rio). Graduada em arquitetura pela Universidade Federal do Rio de Janeiro (UFRJ) e em computação gráfica aplicada pela PUC-Rio. Certificada como PMP pelo Project Management Institute (PMI). Atua em consultoria e treinamento em gestão de sustentabilidade, projetos, programas, portfólios, em implantação de *project management offices* (PMOs) e em formação de líderes. Tem mais de 35 anos de experiência em empresas de diversos segmentos. Membro da Comissão Brasileira do Relato Integrado (CBRI). Professora convidada do FGV Management.

Carlos Augusto Dornellas do Nascimento
Mestre em engenharia pela Engenharia Naval e Oceânica da Escola Politécnica da Universidade de São Paulo e engenheiro mecânico pela Escola de Engenharia Industrial de São José dos Campos. Certificado *project management professional* (PMP) pelo Project Management Institute (PMI). Foi diretor administrativo (2003-2004) e membro do Conselho (2005-2006) do Capítulo São

Paulo do PMI. Membro da The Association for the Advancement of Cost Engineering (AACE International). Possui mais de 30 anos de experiência em gerenciamento de projetos, atuando como consultor. Docente em vários cursos de pós-graduação em gerenciamento de projetos. Professor convidado do FGV Management.

Farhad Abdollahyan

Mestre pela École des Hautes Études Commerciales (HEC) de Paris e graduado em administração pela International Management School, com especialização em finanças e tributação internacionais pela Université de Lille III. *Master in project manangement* pela Universidade de George Washington. Consultor certificado em FI/CO e Asap® pela SAP, certificado PMP® pelo PMI® e MSP™, Prince2™ e P3O® pelo governo britânico. Tem mais de 28 anos de experiência profissional em empresas de grande porte em diversas funções gerenciais. Pesquisador, professor e consultor em gestão de projetos, contratos e finanças. Participou do desenvolvimento e atualização do OPM3™. Autor e tradutor de livros e artigos sobre gerenciamento de projetos e colunista da revista especializada *Mundo PM*. Professor convidado do FGV Management.

Ronaldo Miranda Pontes

Doutor em administração pela Univesidad Nacional de Misiones na Argentina, mestre em engenharia de produção pela Universidade Federal de Santa Catarina (UFSC), graduado em ciências contábeis pela Fundação Educacional Machado Sobrinho. É avaliador do Ministério da Educação (MEC/Inep) de Instituições de Educação Superior e Cursos de Graduação. Foi coordenador de planejamento e gestão do Instituto Metodista Granbery; membro do Comitê Gestor do Plano de Desenvolvimento Estratégico da Universidade Metodista de Piracicaba (Unimep); membro do Conselho Municipal de Assistência Social de Juiz de Fora Minas Gerais; membro do Conselho Consultivo do Hospital Samaritano de Campinas – SP.

Possui mais de 20 anos de experiência profissional na gerência e na administração de projetos dos setores têxtil e educacional, bem como treinamentos e consultorias a empresas. Foi docente na Universidade Federal de Juiz de Fora (UFJF). Autor do livro *Orçamento e controle*, pela FGV editora e professor convidado do FGV Management.

Este livro foi impresso nas oficinas gráficas da Editora Vozes Ltda.,
Rua Frei Luís, 100 – Petrópolis, RJ.